我这样做高中班主任

张艳飞◎著

吉林出版集团股份有限公司

图书在版编目（CIP）数据

我这样做高中班主任 / 张艳飞著. —长春：吉林
出版集团股份有限公司，2023.7

ISBN 978-7-5731-3834-7

Ⅰ.①我… Ⅱ.①张… Ⅲ.①高中—班主任工作—研究
Ⅳ.① G635.16

中国国家版本馆CIP数据核字（2023）第147173号

我这样做高中班主任
WO ZHEYANG ZUO GAOZHONG BANZHUREN

著　　者	张艳飞
责任编辑	滕　林
封面设计	中尚图
开　　本	710mm×1000mm　1/16
字　　数	204千
印　　张	13.5
版　　次	2023年7月第1版
印　　次	2023年7月第1次印刷

出版发行	吉林出版集团股份有限公司
电　　话	总编办：010-63109269
	发行部：010-63109269
印　　刷	天津中印联印务有限公司

ISBN 978-7-5731-3834-7　　　　　　　　　定价：58.00 元

目　录

治班锦囊

教育理念

唤醒、激励、引导，实现良知的自觉生长

——例谈"教育即良知生长"理念的实践

　　我热爱中华优秀传统文化，尤其为王阳明先生的"良知"学说深深折服。在进行班级建设时，我从王阳明先生"教育即良知生长"的理念出发，通过系列活动，形成了独具特色的"良知"教育模式。

理念：教育即良知生长

　　王阳明先生把人们心中的"善"归结为良知，因为"人之初，性本善"，所以每个人的心中都有良知，这也就意味着每个人都有向善向上的潜质。因此，不放弃每个学生，公平对待每个学生应当成为教师的基本信仰。未成年学生的良知处于未成熟的状态，还很弱小，要发挥教育的作用，让良知由弱变强，从幼稚到成熟，这就需要给学生树立起正确的世界观、价值观和人生观。良知生长的过程强调"事上练"，做到知行合一，教师要用合适的教育方法创设机会，逐步实现学生良知的生长。

　　苏霍姆林斯基说："请记住，没有也不可能有抽象的学生。"[①]理论要发挥指导作用，必须结合实际情况做出合适的规划与取舍。那一年，我担任了艺术班的班主任。在我们这样的农村高中，只有升学无望的学生才会选择艺考这样的"捷径"，因此，这个班几乎集中了全年级成绩最差、学习习惯最糟的一批学生。经过思考和观察，我把这批学生的良知生长目标细化为4个词：自信、自强、自律和自省。要实现良知的生长，不能单纯依靠外力，而应当激发学生的内

---

① 苏霍姆林斯基.给教师的建议[M].杜殿坤，编译.北京：教育科学出版社，1984.

驱力，因此，我把良知生长的过程分为唤醒、激励和引导3个阶段。

实践：实现良知生长的途径

一、唤醒

（一）唤醒沉睡的自信——给学生的一封信

面对刚接手的艺术班，虽然我早已做好了充分的心理准备，但学生的表现还是让我大跌眼镜。课间吸烟、课上气哭老师、夜不归宿通宵打网游、一言不合就拳脚相加……这样的事原来在带普通班时闻所未闻，可现在就活生生地出现在我的眼前。面对前所未有的挑战，重拳打击几乎成为我下意识的选择。然而，教育家杜威的一句话把我从错误的道路上拉回，"当重点放在矫正错误行为而不是放在养成积极有用的习惯时，训练就是病态的"。从"教育即良知生长"的理念出发，要实现良知的自觉生长，必然要找到良知的生长点，就像一棵小树要茁壮成长，需要从根部浇水一样。我发现学生这些出格行为的背后大多隐藏着这样一个症状——缺乏自信。个人、家庭、学校因素的叠加，使得他们长期在学习中体会不到成功的快乐，自信心不断遭到打击。而自信的缺失又导致他们缺少改变糟糕现状的勇气，形成了恶性循环。因此，我需要做的第一件事就是唤醒学生沉睡的自信。要唤醒学生的自信，就需要挖掘他们的优点。正如罗伯特·安东尼所著《自信的秘密》一书中所说："通过集中注意自己的优点，你将在心理上树立自信。"我决定利用周一的晨会时间开一次特别的班会，读一读我写给学生的一封信。

在信中，我首先表达了对学生的感激。我这样写道："感谢命运让我成为你们的班主任。有的人认为你们调皮、不懂事、学习习惯差，这说明他们对你们缺乏了解。在我的眼中，你们阳光、朝气，有爱心、有活力，用不了多久，所有的人都会发现你们的优秀。"

接下来是对每个学生精彩瞬间的回忆。

"一天的工作结束后，有时候我躺在床上一时无法入睡，脑海中便会浮现出这样的画面：小龙同学正奋力奔跑在秋季运动会3000米的跑道上。随着他越跑越近，我看到汗水顺着他的发梢滴落在肩头，灿烂的阳光照耀在他的脸上，整个人仿佛笼罩在一片金色的光辉里。小龙，你为了一个目标努力拼搏的样子，真帅！我知道你的这种样子也会出现在课堂上，我热切地期盼这一幕的到来！

"那一天早上，我经过音乐教室，突然传来一阵动听的音乐。透过窗子，我看到小超正在神情专注地弹奏古筝。随着手指优雅地飞舞，一阵天籁穿过空气钻进我的耳朵里。小超，你专注的样子，真美！那天课堂上你在解答老师的问题时，也露出了这种专注的神情，我相信有了这种专注的力量，你一定会取得越来越大的进步！

"……"

我的信提到了每一个学生，都采取了先表扬、后提要求的做法，这样一方面有利于提升学生的信心，构建良好的师生关系；另一方面又以高期望值来激励学生改正自身缺点。这在某种程度上迎合了心理学上所提到的"皮格马利翁效应"。

这封长信收到了意料中的良好效果。在我读完后，学生们眼含热泪，全部自发起立，用经久不息的掌声表达着内心复杂的感情。我的眼睛也湿润了，这群孩子是多么需要老师的关爱和鼓励啊！

（二）唤醒奋发图强的精神——用讲故事的方式传递思想

有了自信，还需要自强不息的奋斗精神，这样才会成为人生的强者，才能担负起属于自己的时代责任。而传递思想，则需要合适的德育手段。人们都喜欢听故事，通过讲故事能够透露出很多的信息和传达价值观，比起直白的说教，这种暗喻的方式更容易让人接受。我便利用了晚饭后到第一节晚自习前的20分钟时间给学生讲故事。选取的故事主要以"自强"为主题，我在讲故事时，经常和学生互动，用问题诱发学生思考，再根据学生的反应随时调整讲故事的方式，这样就较好地保证了故事的教育效果。我给学生讲我的考研故事：我专科毕业后在外漂泊4年，之后由于走投无路，凭借顽强的拼搏考入一所"211"大学读研。讲我的写作故事：职业生涯进入倦怠期，我决定借助写作实现自我救赎，在屡战屡败后，终于用在《德育报》《班主任之友》等主要教育期刊发表30多篇文章的战果交出了一份精彩的答卷。讲到我的大学故事：在保证学业的前提下，我通过各种勤工俭学的方式实现了包括学费、住宿费和生活费的自给自足，创造了属于自己青春的奇迹。

我还给学生讲述身边人的故事：我校毕业生邱梦娜先天脊柱变形，无法走路，每天由妈妈背着上学。面对苦难，她没有怨天尤人，而是靠自己的拼搏考入了理想大学，为自己的未来点燃了一盏明灯；门口包子铺老板创业屡遭失败，他并没有气馁，而是凭着顽强的毅力和吃苦耐劳的精神让生意逐渐好转，最终成为县一级的劳动模范；班内学生小司原来历史成绩差，在老师的激励下，他发奋努力，在一个月后的考试中取得了全年级前10名的骄人战绩。

通过这些故事，"自强不息"这4个字渐渐注入学生心田，化为前进的源头活水。

二、激励

教育是一个持久性的工程，在唤醒之后，还需要激励。激励之法可以用语言，但更好的是创设机会，让学生在实际行动中体会到自信和自强带来的力量，成功带来的愉悦，这样的亲身体验胜过千言万语的说教。王阳明提倡实现良知的生长应在"事上练"，说的正是这个道理。

那年的秋天，一场颇具规模的校际观摩交流活动在我校举行。校领导非常重视，对校园进行了全新的布置，其中就包括在餐厅前设置几块宣传板，介绍健康饮食的相关知识。得知消息后，我意识到这是一次绝佳的激励学生的教育机会，因为写写画画正是我班美术生的长项。于是，我找到校领导主动请缨，要求由我班学生完成此项任务。得到授权后，我兴高采烈地来到班里，第一时间向学生传达了这个喜讯。我郑重地对学生说："我们学校将迎来百年校史上规模最大的一次学习交流活动，届时会有全国各地的领导和老师来到这里观摩学习整整一天。

他们中午用餐时肯定会经过我们承包的那几块宣传板，一定会驻足欣赏。所以，这几块宣传板的意义可是非同寻常，制作水平的高低在某种程度上影响着我们学校在客人心中的形象。而校领导毅然将这个重要的任务交给我们，其中包含着对我们班的充分信任。我已立下军令状，保证按时上交一份令人满意的答卷。孩子们，接下来就是你们大展身手的时候了，17班首次亮相结果如何，在此一举！"

讲完话后，看到学生们眼睛里闪动着激动的光芒，我知道，这个"重大任务"让他们那刚刚唤醒自信和自强的内心开始澎湃激荡。接下来便是紧锣密鼓的准备：开班会，选出设计组、后勤组和审核组，全班学生都被调动起来，分别负责宣传板制作的相关事宜。这帮平日看起来玩世不恭的孩子们像是被施了魔法，他们焕发出我从不曾见过的热情，全身心投入这份"事业"，课间再无人嬉戏打闹，大家开口谈的都是宣传板。而当设计方案定稿、进入现场绘画和书写阶段时，孩子们更是到了废寝忘食的地步。原来距离吃饭还有10分钟时他们就开始坐立不安，而现在放学铃都响了好一会儿了，他们却仍然不肯放下手中的画笔。我不禁惊叹，唤醒后的良知，竟然释放出如此巨大的能量！

经过一番热火朝天的工作，任务完美完成，观摩学习的日子也到来了。这一天的午餐时间，我特地赶到餐厅门口拍摄了老师们观看宣传板时的照片，采访了他们的观感。下午来到班级，我把照片展示给大家看，把老师们对宣传板的高度评价转达给学生。我最后说道："其中有位河南老师的评价给我留下了深刻的印象，她说这是她见过的最美的宣传板。孩子们，你们不但保质保量地完成了学校交给你们的任务，还收获了如此高的评价，我为你们骄傲，一中为你们骄傲！"

最美宣传板事件无疑给这些远离成功很久的孩子们打了一剂强心针。此后，我继续给学生创设着这样的教育机会：创办《高考，加油！》画报，为高三学长送祝福；利用周末组织"大美阳信"画展，为家乡的发展喝彩；去敬老院献上一台精心准备的晚会，献出属于艺术生的一份爱心……这些活动不仅发挥了学生的强项，强化了学生自信和自强的信念，还传递了友善与关爱之心，收到了不错的教育效果。

三、引导

要实现良知的自觉生长，不仅需要激发学生自身向上和向善的动力，还需要形成良好的习惯。这些孩子自制力差，意志力薄弱，因此培养他们自律和自省的习惯就显得尤为重要。

（一）学会自律——以契约的方式

要培养学生的自律意识，就需要学生具有自治的能力。自治有两层含义：一是集体的自我管理，二是个人的自我管理。从集体自治走向个人自治，也就由他律走向了自律。签署契约可以激发学生的自我意识、责任感和神圣感，有利于学生自治能力的养成。

在开学初，我曾主导制定班规，但效果并不好，于是决定由学生自主制定《班级公约》来代替原班规，我的角色也由决策者变为建议者，只负责为学生出谋划策。程序如下：首先，每个学生和班级签订契约（由班主任代表班级），学生承诺为建设优秀班集体贡献力量，班集体则承诺尊重学生的各项权利，包括在班级大会享有发言权和表决权、选举权和被选举权，各项班级活动的参与权，日常生活中的安静学习权和劳动权等。然后，由学生投票选出班委会草拟《班级公约》，在班级大会上讨论，班主任审核之后正式生效。出乎意料的是，学生自己制定的《班级公约》要求非常严格，因为他们认为"我们不能辜负老师的信任"。在公约生效后，班级的整体氛围也为之改善。

在班级层面的契约实施一段时间后，范围缩小，实行以小组为单位的契约签署行动。由小组成员自己制订每日学习计划，计划的完成情况由小组长担任"净友"，负责监督。如连续几天完成任务情况较好，以小组为单位向老师申请奖励；如无法完成任务，则由没有完成任务的学生接受约定好的"惩罚"。

接下来就是个人与梦想签订合约，这是自律习惯形成的最后阶段。从某种程度上说，自律的习惯难以养成是因为梦想缺乏张力，无法变成行动，导致了知行分离。那如何才能增加梦想的张力，将其转化为源源不断的动力呢？我借鉴了美国心理学教授厄廷根提出的WOOP思维模式。W（Wish）代表个人的愿望或梦想；O（Outcome）指梦想达成后的结果；O（Obstacle）代表梦想转化为行动过程中会遇到的障碍；P（Plan）指将采取何种方式来克服前进道路上的绊脚石。从此理论出发，每名同学制作一个WOOP思维表格，把自己的梦想、结果、障碍和计划写下来，放到醒目的位置。以周元同学的WOOP思维表格为例：Wish（梦想）——考入中国美术学院，学习油画；Outcome（结果）——符合自己的兴趣，自尊心得到满足，辛劳的父母会引以为荣，毕业后可以从事自己喜欢的工作；Obstacle（障碍）——数学严重偏科，影响总分提升；Plan（计划）——每天抽出30分钟时间，系统复习初中到高中的数学知识。这样，学生每天都可以清晰地看到自己前进道路上的障碍，并能够通过目标达成后的美好感觉不断激励自己努力。同时能够理性地对待自己面临的障碍，提醒自己按照计划去执行，这样就有了知行合一的意味。当然，整个WOOP思维表格的绘制和具体计划的制订需要教师适当的指导，此后的计划落实也需要持续的关注。

在自律习惯培养的过程中，我借鉴了马卡连柯集体教育理论中的平行影响原则，最大限度地发挥了集体在教育中对个人发展的作用。随着计划的不断推进，学生养成自律习惯的效果有了较大幅度的提高。

（二）学会自省——以批评和自我批评的方式

据《传习录》记载，当王阳明先生感觉良知弱小时，他会利用静坐的方式克服私欲，促进良知生长。这种方法就是自省，是实现良知生长的重要途径。静坐的方式不太适合学生，因此我采用了召开自省会的方式。

自省会以小组为单位，一般两周召开一次，班主任列席参加。先由组长总结两周来组员的表现，一般是先表扬，后批评，然后是包括组长在内的每名同学做自我批评。这样的流程借鉴了我们中国共产党召开批评和自我批评会议的方式，用真诚的态度和恳切的语气提出意见，鼓励大家说真话，发现各自的不足以促进成长。由于班内早就形成了和谐友善的氛围，而作为班主任的我也会经常做自我批评，给大家树立了榜样，所以这样的方式并没有导致学生之间关系紧张，反而加深了学生之间的友谊。更重要的是，这样的会议持续进行，为学生自我反省意识的养成开了一个好头。

为了让自省会的效果更好，学生要在下次自省会召开时，带来自己的反省日记，如实汇报自己的改进情况。小组长则会根据每名学生的实际情况做出反馈，包括给改进良好的学生申请奖励或给改进不佳的学生提出具体的建议。我也会根据学生的实际情况进行适当的指导。

随着自省活动的持续开展，学生自省习惯的培养有了很大的起色，同时也让学生学会更理性地分析自我，更客观地评价自我。他们懂得了不管一个人多优秀，都会有不足，都会犯错。犯错是成长的必经之路，没有必要刻意隐瞒错误和不足，而应当想办法从错误中学到东西，以避免下次犯同样的错误。这也正是正面管教理论所倡导的内容。

当然，上述唤醒、激励和引导的过程不是一劳永逸的，良好的道德和优秀的习惯也不可能在短期内形成，但是随着上述活动的不断开展，我欣慰地看到自信和自强的意识、自律和自省的习惯正逐渐地植根于学生的心里，体现在学生的言谈举止中。而良知正在学生的这种自我意识的驱动下实现自觉生长。

【此文发表于《德育报》2020年12月28日刊"班主任之星"栏目】

创意班级

师生自创格言，助力班级发展

格言，是具有劝诫和教育意义的话，一般短小精悍。正因为其简洁又有哲理，更容易被人们理解、接受，从而对行为产生重要影响。

缘起——近在眼前，视而不见

我们经常可以在教室内、走廊里发现张贴的格言，但这样的格言能否引起学生共鸣，收到良好的效果呢？有一次我跟学生说起张贴在教室门口的一句格言，全班学生竟然都一脸茫然。问及原因，学生说这些虽然都是名人名言，可是觉得不接地气，自然不大关注。我开始思考，如何将格言的教育作用最大化，成为教育的一个突破点呢？教师在和学生交流时，如果把要传递的思想简化成一句格言，是不是效果更好？高中的学生常常以自我为中心，如果让学生把自己的成长心得简化成一句格言，是不是作用更大？青春期的孩子更重视同龄人的友谊，如果让朋友送自己一句格言，是不是更容易接受？

基于以上思考，我和学生发起了师生自创格言活动，取得了不错的效果。

铺垫——未雨绸缪，激发兴趣

在自创格言之前，我做了一系列的铺垫。首先，我经常引用格言激起同学们的兴趣；其次，专门让学生搜集并整理一批格言，师生合作找到格言的规律；最后，让学生尝试创作。经过讨论，我们一致认为，格言的特点是言简意赅、铿锵有力、主题明确和有教育意义。所以在创作格言时应当牢记这4点诀窍：简，话语简练；强，语言铿锵有力；明，表达的主题要明确；赞，说的话能引起共鸣。总结出自创格言的四字箴言后，我和学生都很兴奋，在此基础之上，师生自创格言活动的展开就水到渠成了。

内容——"三驾马车"，各有侧重

自创格言主要包括以下类型：走向成功、探寻学理和理性生活。走向成功类格言是针对学生在学习中出现的非智力因素问题，如认真、坚强、自律等，这些优秀品质的养成如果仅凭老师说教效果不佳，换个外衣用格言的方式呈现则更容易接受；探寻学理类格言是针对学生在某学科学习时遇到的问题，由任课教师结合学科特点，用简洁的格言帮学生探寻规律，提高效率；理性生活类格言则是针对学生高中生活出现的典型问题，如友谊、爱情、亲情等，在进行班会和系列教育的同时，用格言起到画龙点睛的作用，为教育提供有力的注脚。以上3种类型是自创格言活动的"三驾马车"，虽各有侧重，但又相辅相成，最终形成教育的合力。

过程——形式多样，服务教育

自创格言活动在落实的过程中主要采取了他人赠予和自我创造的方式。他人赠予包括教师赠予和学生互赠，自己创造则是学生自己创造格言赠予自己，同时又通过自创格言故事会和博览会的形式影响其他学生。

一、他人赠予

（一）教师赠予

由班委征集学生在学习和生活中遇到的迫切需要解决的问题，整理后由学生投票选出本周的话题；班委将话题写到师生交流本上交给老师；老师根据话题整理成格言，在每周固定的班会课上展示并解释；班委将格言抄写在小黑板上悬挂在教室的相应位置。频率为每周一次。

那年我带高一普通班，班级由中考分数比较低的学生组成，基础知识不牢，学习习惯不佳，再加上初中和高中学习方式的变化，导致很多同学不适应高中生活。在班委征集学生的意见后，学生们认为当下班级的主要任务是如何为高中阶段的学习打下基础，尽快完成从初中到高中学习方式的转变。看到这个题目后，经过调研和思考，我认为解决方法是应尽快培养学生养成良好的学习习惯。基于此，我组织了一堂主题为"从平凡到优秀的秘诀"的班会课。此次班会我从"悬念"（如何从平凡到优秀）入手，给学生展示心理学知识（美国心理学家威廉·詹姆斯在其著作《心理学原理》中提出的"表现原理"），然后结合几名学生的真实案例，最后得出结论——人的行为会对心理产生重要影响。人们可以通过改变自己的行为来改变自己的心理状态，所以当我们呈现出一个优秀学生所表现出的行为时，如上课积极回答问题、充分预习、及时复习、认真完成作业等，这样的积极行为就会逐渐对学生产生积极的心理暗示，从而使其真正成为优秀的学生。在总结时，我适时抛出了自创格言——"想成为优秀的人，请先表现出优秀的样子"。这句格言对学生触动很大，接下来的优秀习惯养成活动中，班级的整体氛围有了明显的好转。而我的这句格言也被学生反复提及，多次出现在学生的周记中。

（二）学生互赠

在以小组为单位的座谈会上，学生们畅谈自己在学习和生活中遇到的困惑。针对同伴的困惑，学生提出有针对性的建议并总结成一句格言；学生认真体会同伴赠予自己的格言并在下次座谈会上汇报自己一个月来的改进情况。频率为每周一次。

以同龄人的视角给出的格言更切合实际，也更容易打动青春期的孩子的心。这样的格言激励着学生正视自己的问题，促使他们不断进步。

二、自己创造

（一）故事会

每次考试后我都会召开学习经验交流会，期望学生在交流中取长补短、共同成长。不过随着时间的推移，学生出现审美疲劳，交流会的效果也大打折扣。在征求学生意见后，我取消了学习经验交流会，改为举办"自创格言故事会"系列活动。考试中进步或退步的同学贡献一句自创格言，并结合自己的格言介绍自己的故事。这样的理论联系实际的方式更有说服力，为其他学生提供了有益的借鉴。

（二）博览会

根据班内的情况，首先由学生投票选出相应的主题，学生先创作，然后在固定的班会课上由创作者进行解说，最后由教师组成的专家评审团和由全班学生组成的大众评审进行公开的评选。通过这样的活动选出不少有意义的格言，有探寻学理类："我们看待历史事件时，必须打开自己的视野，把它放到整个历史的长河中去考虑。"有走向成功类："当别人认为你不可能成功时，那就创造一个可能给他看。"也有理性生活类："友情不是让朋友变成另外一个你，而是相互包容，共同进步。"……针对选出的优秀格言，再请有书法和美术特长的学生进行装饰，在墙报上公开展示。这样的形式鼓舞了创作者，也易于其他同学接受，同时把自创格言活动的教育效果持续深化。

随着自创格言系列活动的开展，其对班级建设的影响也逐渐显现。师生自创格言活动装扮了班级的文化空间，为班级增添了些许哲理和思辨色彩的厚重感；照亮了学生的个体成长空间，让学生学会用理智的目光审视世界，用坚定的目光探寻前进的方向。在这样的文化氛围的浸润下，班级整体状况持续向好。更重要的是，随着对格言的理解和思考不断深入，学生也会以理性为武器迎接人生道路上的酸甜苦辣。

【此文发表于《中小学班主任》2020年第9期】

借历史之智，为学生发展助力

身为一名教历史的班主任老师，在持续的阅读和思考中，在对学生的观察和研究后，我逐渐产生一个想法：历史如此博大精深，能不能对班级建设和学生的成长提供一些有益的借鉴呢？历史学科本身所包含的整体思维、实证意识、家国情怀和时空观念不仅可以开拓教师在解决问题时的思路，还有利于学生理性思维的涵养和自主能力的提升。在此想法的启发下，我开始将一些思考付诸实践，在此与大家分享。

一、唯物史观的启迪：学会用"大历史"的思维看待问题

新版的高中历史课程标准指出了高中生应该养成的历史学科的核心素养，唯物史观名列第一位。唯物史观要求我们在研究历史时，关注整体的历史，即对人类社会历史进行系统的和整体的研究。这种研究历史的角度完全可以迁移到学生的德育工作中，也就是在学生出现问题时，不要只关注他的表面现象，而应当从"大历史"的角度出发，从系统和整体的角度去分析，包括4个维度：纵向联系、横向联系、关键节点和发展趋势。接下来以小康屡次违纪事件为例分析"大历史"的思维策略。

高一入学不到两个月，小康频繁迟到、午休串宿舍、上课睡觉、不交作业，后期发展到频繁旷课。一开始我以为是他不适应高中的学习节奏，但屡次谈话却不见成效。我逐渐意识到原来的沟通根本没有触及问题的根本，通过广泛而深入的了解，我终于找到了他违纪背后的深层原因。原来小康初中时学习成绩就比较差，按他的成绩根本不可能考上高中，他早就打算在初中毕业后去一所技校学习厨艺。然而中考时他超常发挥，出人意料地考入了高中。虚荣心作祟，他放弃学厨艺选择了读高中。但是，原来糟糕的学习成绩却使他无法跟上学习节奏。他看

不到希望，想要逃避，于是就产生了频繁违纪的现象。

在得知原因后，我便用"大历史"的思维方法来帮他分析了他的问题。

（1）纵向联系：小康初中时基础太差，导致现在学习跟不上节奏。

（2）横向联系：他的这种落后于全班学习节奏的处境使得他产生了自卑心理，而内向的性格导致他不想和其他同学交流，于是只能和原来的朋友相处，这才有会午休、晚休经常串宿舍的情况。

（3）关键节点：关键因素在于小康的错误认知。他认为普通高中强于技校，所以他便放弃技校来读高中。

（4）发展趋势：小康继续留下来改变的可能性不大，因为普通高中的升学体系不可能给基础差的他提供独特的培养体系。

基于此，小康如果想改变自己的糟糕现状，应该从改变错误认知开始。经过交流，小康表达了自己对厨艺的喜爱，并愿意转学进入技校学习自己喜爱的厨艺专业。经过与家长的沟通，我们最终确定了这个方案。

于是小康去了省城一所著名的技校，等到几年后再见，他已在当地创立了自己的餐饮店，把生意做得有声有色。

"大历史"的思维方法能有效避免在处理问题学生时的片面性和表面性，从整体的角度全盘考虑问题，从而找到关键突破点，最大限度地优化教育策略。

二、史料实证：拨开信息纷繁的迷雾

步入高中，学生开始面临多种人生选择：高一时的选课走班、高二时的艺考分流、高三时的自主招生考试和高考志愿填报。当一个个完全陌生的概念出现在眼前，当面对信息庞杂却又不知如何下手的选择困境，很多家长和学生完全陷入茫然不知所措的境地。农村高中不比城市，没有多少家长会提前准备，只能在面临选择时通过网络搜索、向亲戚朋友打探消息和个人的揣测做出决定。面对这种情况，我意识到让学生学会用科学的方法来甄别信息的真伪并最终做出合适的选择，不仅是高中生应该具备的基本能力，更是一个成熟的人应当具备的生存本领。去哪里寻找这种科学的方法呢？我自然又想到了历史学科的核心素养——史料实证。

所谓史料实证，就是对获取的史料进行辨析，并运用可信的史料努力重现真实的历史。在史料实证的过程中，应注意3个基本原则：（1）论从史出，也就是理论、概念、评价等应该从史料中总结出来。（2）孤证不立，也就是坚持多种类型的史料互证。（3）广集史料，并对搜集到的史料进行整理和辨析。在整理和辨析时需遵循这样几个原则：（1）一手史料至上。（2）官方史料优先。（3）史料是否符合逻辑。（4）充分考虑史料作者的主观因素。这些原则在学生甄别信息时发挥了不小的作用。如高二时的艺考分流。其实适合选择艺考的学生无非有两种：一是艺术方面有天赋并且热爱与艺术相关的工作，二是成绩较差但寄希望于通过艺考改变命运的。可是艺术培训机构为了争夺生源，对艺考的宣传存在夸大和造假的倾向。再加上学生缺乏理性思考，容易跟风，导致一些原本不适合学艺术的学生也走上了艺考之路，在付出了高昂的学费、浪费了大把的时间后，却没能考入理想的学府，甚至影响到以后的人生规划，实在令人叹息。因此，在培训机构的宣讲结束后，我便在班里召开了班会，号召大家用史料实证的方法对大家搜集到的信息进行辨析。

（1）关于艺考的升学率，某艺考机构给出的数据明显高于省招考院公布的数据，两者冲突。根据官方史料优先和剥离史料创作者的主观因素原则，最终可以得出某艺考机构为了招生存在着数据造假的问题。

（2）某艺考机构承诺艺术专业课包过，如果不过就全额退费。这就需要经过逻辑推理——全省的专业课通过率有多高？专业课成绩超过合格线多少分才有实际意义？专业课包过后面是不是还有很多附加条款？经过这样的思考和追问，我们才更接近艺考的真实面目。

（3）某生认为可以凭借自己还不错的文化课成绩通过艺考，进入一所更好的大学。那我们就需要从"论从史出"的原则出发，拿出材料来论证他的观点是否合理——艺术类高考专业的录取规则是什么样的？前几年的录取分数线是多少？经过这样的实证过程，错误的想法就会被修正，从而得出正确结论。

（4）某生认为艺考是捷径，可以更轻松地度过高三考入大学，那我们就通过搜集本校往届艺考生的升学比例和他们本人的现身说法来说明艺考是不是捷径——艺术类专业的高考录取率是多少？艺术生的高三是如何度过的？如何理解捷径？这种来自亲历者的材料从历史范畴来讲属于一手史料，可信度较高，更具说服力。

通过这种史料实证的方式，学生在面对纷繁复杂的信息时就会多一份沉稳和理性，少一些跟风和盲目，如果能有意识地把这种思考问题的方式贯彻下去，无疑对学生的成长大有裨益。

三、家国情怀的启迪：让革命文化对学生"有用"

学生步入高三，学习压力增大，一些原本不算突出的问题开始逐渐暴露出来。问题体现为：学生经受不住挫折打击，面对几次考试失利，便丧失斗志，自暴自弃；缺乏战胜困难的勇气，一遇困难便退缩不前，安于现状；缺少学习的动力；找不到适合自己的学习方法；以自我为中心，集体意识淡薄……当我努力思索解决这些问题的方法时，我突然意识到革命文化正是解决上述问题的灵丹妙药。

高中历史课程标准明确要求学生"了解并认同革命文化"，但由于学生生活的时代与革命年代距离遥远，再加上学生强烈的自我意识萌生的逆反心理，让学生了解和认同革命文化并不是很容易的事情。于是我转换思路，致力于挖掘革命文化中"有用"的东西，即拿来就能为学生战胜困难提供借鉴的"营养品"，并以合适的方式让学生接受并内化，这样一方面促进了学生的成长，另一方面也实现了学生对革命文化的认同。学生直接从革命文化中汲取了成长的智慧，自然就有了亲近感，从而潜移默化地培植了学生的家国情怀。这个过程需要经过3个步骤：了解、认同和内化，而这几个步骤都需要采取让学生乐于接受的方式。经过思考，我进行了以下尝试：

（一）讲故事

学生都喜欢听故事，而中国共产党的历史进程本身就包含了许多精彩的故事。要讲好故事，必须把握这几个要素：

1.真实性。因为革命故事都是真实发生的，这种真实性既是历史学科的本质追求，也是学生能够接受的重要前提。所以，在讲故事前我都会经过认真的准备，确保故事的真实性。

2.生动性。语言优美、细节翔实、情节曲折，这是一个精彩故事的必备要素。在真实性的前提下，生动的故事更容易激起学生的兴趣。

3.情感性。要拉近革命英雄与学生的距离，必须让学生明确英雄也是情感丰富、有血有肉的普通人，他们也有弱点，也有温情，也会有思想斗争，只是他们的内心深处多了革命的理想和信念，还有为国为民的责任和担当，正是这些才让他们不畏艰难、勇往直前。这样的情感冲突更容易让学生认可。

4.价值性。革命故事与其他故事的最大区别在于其价值性。所以在讲故事之前，先得确定要传递给学生什么样的价值观。当然这种价值观的渗透必须隐藏在故事中，当故事到达高潮时适时引出，这样的效果胜过说教。如在讲述"飞夺泸定桥"时，先说明红军必须完成的任务，再列出面临的巨大困难，这两点就形成了冲突。接下来启发学生思考——如果你是红军指挥员，如何解决上述困难。然后再叙述真实的历史——面对几乎不可能完成的任务，红军是怎么做到的。在学生发出一片感叹声之后，抛出问题——你在学习和生活中是否也会遇到自己觉得无法克服的困难，你又是怎么解决的？你能从这个故事中汲取什么样的精神？

不要奢望通过一个故事就让学生彻底改变，引发学生的思考就开启了成功的大门。毕竟，类似的革命故事有很多，我们可以在后续的活动中期待学生的顿悟和蜕变。

（二）主题演讲

由老师讲故事的方式固然效果不错，但要收到良好的教育效果，还需要学生的积极参与。根据教师所述故事确定相同主题的演讲活动，能够将教育效果持续深化。如这一周的故事都围绕"永不言败"的主题展开，则演讲活动的主题也如此。由学生提前准备相关素材，结合班级内出现的类似问题，写成演讲稿。这样的演讲活动更具针对性，而且来自同龄人的劝告也更容易让学生接受。还是以

"永不言败"为例，故事主要涉及"飞夺泸定桥""翻越大雪山"和"激战腊子口"，学生演讲的主题则定为"拿出勇气，你就是自己的英雄"。演讲回顾了本周的故事，并根据自己搜集的材料讲述了长征中红五军团的故事。由于一直担任为大部队断后的任务，红五军团一直面临着国民党优势兵力的追击，屡次身处绝境，但是他们却一次又一次地圆满完成了看上去几乎不可能完成的任务。最后演讲的主题回到学生自己身上——我们现在不需要像红军那样去硝烟弥漫的战场厮杀，可是在面对自己人生中的困难时，我们能否成为自己的英雄？

（三）诗歌会

传播革命文化的形式多种多样，如小说、诗词和歌曲等。而诗词和歌曲因其篇幅简短、朗朗上口，不仅可以让学生在学习之余调节一下疲惫的精神，还可以在无形中给学生以启迪。当然，由于年代久远、人们审美情趣的变化，有些诗词或歌曲不太容易被学生接受，这就需要我们多花点心思。如刘伯坚的《带镣行》，如果只是单纯让学生阅读，可能很难体会到英雄的那种大无畏和自信乐观的精神。而当请学生提前做好功课，介绍刘伯坚的生平故事及这首诗的详细背景后，再请一位学生带感情朗诵，那就会带给学生深深的震撼。如抗美援朝纪录片《为了和平》的主题曲《永志不忘》，学生就非常喜欢，一致要求要把这首歌曲作为班歌。究其原因，一是在高三紧张而又略显枯燥的学习生活中，观看纪录片是难得的放松时间，因此学生格外珍惜。二是在纪录片的高潮时刻，这首荡气回肠的歌曲总会适时地响起，这种情景让学生印象极深。并且这首歌成为班歌后，中午上课前3分钟的齐唱班歌活动也使得歌曲传达的那种顽强拼搏、勇于担当的精神渐入人心。

除上述活动外，还有黑板报、征文大赛、参观红色教育基地等方式，这些形式相辅相成，共同构成了革命文化的系列教育活动。可能有很多老师都在做这样的活动，但我的落脚点在于让学生从革命文化中汲取成长的智慧，而不仅仅停留在爱国教育本身。当然，这种方式也增加了学生对革命文化的认同感，让教育过程顺畅很多。

四、时空观念：让我们走进时光隧道

高中生存在一个突出的现象：生理上的早熟与心理上的幼稚。他们在身体的发育上已经成熟，而他们考虑问题却仍然是以孩子的思维方式。因此老师在思考问题时，不能用成年人的心理来揣测他们的想法，而应当沿着他们的思路摸索，从中找到解决问题的契机。如小申等几个同学到高三时学习劲头锐减，这时我们就不能单纯以努力学习、改变命运、勤奋刻苦等进行说教，首先必须弄明白他们的真实想法。当他们说出真实想法后，确实出乎意料——上学有什么用，还不是给别人打工？考公务员、事业编这么难，学了也考不上，还不如现在去打工。虽然打工挣钱不多，但一个月1000多块钱完全够自己花销，浪费那么多钱去学习，有必要吗？现在打工苦，高中学习以后找工作不一样很苦吗？……即使面对这样听上去似乎理直气壮的理由，最好也用他们认可的方式来进行教育，于是历史的武器——时空观念就闪亮登场了。

时空观念，是历史学习必备的核心素养。要认识历史的全过程，必然要辨明它在每一个发展阶段有什么特点，并寻找前一过程转变到后一过程的原因。也就是说，历史的前因后果是相互关联的。从这一理念出发，我决定组织一次讨论，引领他们穿越时空，推演一下他们规划的人生。首先，小申亮出了自己规划的人生：18岁，在饭店做勤杂工；20岁，遇到真爱；22岁，步入婚姻殿堂；25岁，有了宝宝；30岁，自己创业开了一家饭店；此后，有钱、幸福、美满……在大家此起彼伏的惊叹声中，小申颇为得意。但是当学生静下来思考后，他们便提出了一系列的疑问。问题一：勤杂工一个月一般1000多元，最多不会超过1500元，还要去掉日常花销，短短7年就靠这些钱结婚生子，现实吗？问题二：即使父母会拿出一部分钱帮你，可是你的父母也在老去，你拿什么让他们安度晚年？问题三：创业会一帆风顺吗，如果创业受挫怎么办？面对疑问，小申哑口无言，不得不承认他根本就没考虑这些问题。但是很快他就反问：难道上学就能解决这些问题吗？

于是我们又开始推演考入某普通高校的人生。选择一：22岁大学本科毕业，考上某大学研究生；25岁研究生毕业，通过滨州市硕博人才引进政策进入某事业单位工作；28岁结婚生子，无大钱，但还算稳定（这其实是我们农村高中很多学生的理想归宿）。选择二：22岁大学本科毕业，决定自己创业，优势包括在大学里获得的开阔视野和创业知识、银行专门面向大学生的创业低息贷款、人力资源和社会保障局组织的针对大学生创业的帮扶措施等。选择三：22岁大学毕业，后进入滨州某知名连锁商超；就业后利用公司提供的良好职业晋升通道，32岁时担任部门经理，月薪大约1万元（这些数据来自招聘网站的信息）。通过这样的比较，无须再多说什么，两种不同人生选择的前途高下立判。

最后我向学生说明，这样的推演结果并不是一定会发生，但这是大概率发生的事件。所以在看待问题时不能因为某个人没有高学历却创业成功、某个人拥有高学历却一事无成就否定知识的重要性，这是非常片面的。拿所谓"读书无用"的论调给自己的懒惰和不思进取辩护，这更是大错特错。人可以失败，但是必须要在全力以赴之后才可以坦然接受失败，而不是还没登上过年轻的战场，就怯懦地躲在阴暗的角落里瑟瑟发抖，还自欺欺人地找些冠冕堂皇的借口安慰自己。

经过这样一场讨论，小申几个人的状态有了明显好转，消极的错误言论也逐渐淡出了班级舆论。

五、备考的启迪：换种形式，收获惊喜

检讨书是老师对犯错学生经常采用的一种教育方式，其意义在于通过学生自我反省达到纠正错误思想和行为的目的。可是在教育实践中其教育作用却并不理想，究其原因，检讨书由教育手段变成惩罚手段，学生写检讨书是因为老师的要求，带有被动意味，这种被动很有可能导致学生并没有反省错误，而是仅根据教师的好恶写一份检讨书应付，以求蒙混过关。而且当教师明确提出因为学生错误的严重性而把检讨书的字数规定得越多时，学生的应付意识就越强。我在读学生写的检讨书时就发现了这样一条规律：规定的字数越多，学生写的检讨书的相似度就越高。很明显，这都是从网上抄的。

如何更好地发挥检讨书的教育作用呢？那就得让学生变被动为主动，变应付老师为自己与内心对话。恰好近几年山东历史高考题的形式呈现出灵活多变的趋

势，特别是2020年的一道让学生编写对话场景的高考题给我留下了深刻的印象。何不将其运用到检讨书中呢？于是我在让学生写检讨书时，要求以对话的方式进行，对话人物不限，对话内容不限，字数不限，只要求写出真情实感。以下是小马同学的一篇"对话体"检讨书：

★ 场景一：

A同学：你知道吗，小马又迟到了。

B同学：是吗？这应该是他本月第五次了吧？

C同学：高三还如此频繁迟到，看来他真是来混日子的。

★ 场景二：

我：我很羞愧，我也不想迟到，可是早上不想起床，太困了。

我的良知：你为什么早上困，还不是因为晚上睡得少吗？你想想，你每天晚上都在干什么？

我：没干什么。

我的良知：真的没干什么？男子汉大丈夫，做事要敢于担当。

我：我……在被窝里刷手机了。我也知道，高三不应该玩手机了，可是管不住自己啊，实在敌不过诱惑。

我的良知：唉……

我：我错了，再也不玩手机了，我保证。

我的良知：那你有什么具体措施呢？

我：我把手机交给我妈，让她替我保管，监督我。

我的良知：希望你说到做到。

我：放心吧，我一定会严格要求自己的。

因为检讨书形式的改变，学生的视角也随之发生变化。当他跳出自我再回看自己的问题时，会更加透彻，对错误的认识也更加深刻。当然，这份"对话体"检讨书能否收到不错的教育效果，还需要以师生和谐平等的关系为前提，以及需要后续家校合作和相应合理措施的跟进。

"对话体"检讨书取得效果后，我随后又进行了新的检讨书形式的尝试：新闻体、文言体、神话体……不同形式的检讨书让犯错的学生少了些许当局者的迷茫，多了几分旁观者的清醒，从而让检讨书更好地发挥应有的作用。

不仅是历史学科，其实学生所学习的每门学科，都包含着科学的精神和德育的内涵。只要我们在遵循教育规律的前提下大胆创新，勇于实践，都可以在自己教授的学科中汲取班级管理的智慧，走出带有自己专业特色的班主任工作之路。这种打通学科界限的意识和学科思维的迁移，无疑也会为学生创新意识的培养提供些许灵感，有利于学生的长远发展。

班级读书会，以阅读的方式助力学生成长

在大力倡导全民阅读的今天，读书会作为一种文化活动受到了普遍的关注。社会上各种读书会方兴未艾，呈现一派欣欣向荣的景象。作为爱读书的班主任，我不断尝试将读书会这种形式引入班级建设中，并努力使之为学生成长助力，为班级建设出力。经过一番摸索，取得了不错的效果。

一、引领：以身示范，润物无声

陶行知先生说："要想学生好学，必须先生好学。"[1]要引领学生爱上读书，老师首先就得是一个爱读书的人，而且得让学生看到老师对书的喜爱。于是，在学生上自习课时，我会捧一本书坐在教室的一角安静地阅读；和学生在课间聊天时，我会在不经意间聊起我最近正在读的书，并问及他们喜欢读的书；在课堂上，我会结合学科方面的某个知识点向学生推介相关的书籍。渐渐地，我注意到有学生开始读我推荐的书籍，在和我聊天时主动提到书的内容。课间读书的学生也多起来，班级的阅读氛围也开始有了点模样。在此氛围的影响下，班委向我提出了搞点读书活动的建议。于是我提出了举办读书会的想法，得到了学生的积极响应，班级读书会活动就正式开始了。

二、筹备：未雨绸缪，制定规则

要保证一项活动顺畅高效开展，必然要有一套组织制度。在班会上，大家经过热烈讨论，确定了读书会的实施方案：（1）流程：由老师和学生投票选出的领读人并讨论确定备选书籍，领读人负责准备课件为大家推荐介绍；学生投票选

---

[1] 陶行知.陶行知教育名篇[M].北京：教育科学出版社，2013.

出最想读的书籍；由师生共同讨论确定每期读书会的主题，并围绕此主题开展相应的活动；会后结合主题由学生编辑形成读书周报。（2）时间：每周六晚自习三节课的时间。前两节课阅读，最后一节课开展读书会。

三、样本：形式多样，服务德育

适合高中生读的书有很多，但是在选书时必须明确中心原则——对学生的成长有帮助。另外，要想让读书产生教育效果，让学生乐于接受，就需要让读书会变得丰富多彩。接下来，我就以《平凡的世界》读书会为例，说一说我的做法。

（一）推介会

推介会的主要作用在于把老师和领读人选的书向学生推荐介绍。在玄幻小说和言情文学泛滥的今天，要想用有营养的书把教育丢失的阵地夺回来，就必须把这些书的魅力展示给学生。在推介《平凡的世界》一书时，领读人是这样说的："有一部小说，它连续18年在清华、北大等高校的图书馆借阅榜单上稳居前三，甚至一度冲上榜首。这部具有巨大影响力和无穷魅力的书就是《平凡的世界》。"这样的推介词极大地激发了学生的兴趣，为读书会的进行开了一个好头。

（二）旁白者

书选定后，接下来是阅读时间。《平凡的世界》的故事发生在20世纪七八十年代的黄土高原，距离学生的生活较远，所以读书会前几次的主题围绕历史背景和地理环境展开。学生查阅资料并通过报告会的形式向大家介绍"文革"时期的农村和学校、原西城和黄原城的前世今生、少安和润叶之间的巨大鸿沟等话题，以拉近学生和书中人物的距离，尽量减少由于年代久远和地理阻隔带来的陌生感。这种背景介绍类的主题活动被学生命名为"旁白者"。这类主题活动一方面为阅读的顺利开展提供了知识支持，另一方面也让学生在积极参与的过程中更深刻地了解祖国的历史和地理，培养了家国情怀，涵养了学生共情的能力。

（三）座谈会

随着阅读的不断推进，以及故事和人物的展开，德育的主题开始逐渐清晰起来：结合少平和金波、田福军和张有智的友情关系谈一谈什么是真正的友谊；结合少安和秀莲、润叶和向前以及少平和晓霞的爱情故事说一说应如何对待爱情；从少安、少平、兰香等人物对职业的规划入手，思考自己的职业生涯规划之路；从孙玉厚一家人的关系谈一下对亲情的理解……这样的主题贴近学生的生活和关注的焦点，引发了学生热烈的讨论。在关于爱情话题的座谈会上，学生讨论后得出结论：什么是爱情？爱情不是占有，而是付出和责任；爱情不是朝朝暮暮，不是迷失自我，而是努力活出自己后所得到的奖赏。关于友谊的话题，学生的结论：如何获得友谊？友谊是尊重，是包容，是"己所不欲，勿施于人"。关于职业生涯规划的主题，学生的结论：不知道自己以后选什么大学，学什么专业，从事什么职业，怎么办？那就行动起来，在前进的过程中寻找梦想。随着自己逐渐成熟，目标就会慢慢清晰。这样的观点和结论都是结合书中人物的故事，经过学生交流和教师引导得出的，学生印象深刻，更容易接受。这样的座谈会把阅读的德育效果激发出来，潜移默化地影响了学生世界观、价值观和人生观的塑造。

（四）格言秀

经典的作品经常会有些让人怦然心动的话语，伴随着故事情节发展到某个特定阶段适时出现，这样的句子充满了哲理和智慧，极易引起读者的共鸣。如果教师能够引导学生进一步思考，就可以让这些格言发挥更好的教育作用。为此，"格言秀"诞生了。学生选出自己读书时遇到的最喜欢的格言并介绍给大家，并结合格言进行演讲。学生选出的格言也都是充满正能量的话语，如，"什么是人生？人生就是永无休止的奋斗！""精神上的消沉无异于自杀。""即使没有月亮，心中也是一片皎洁。"……这样的话语假如换个场景由老师苦口婆心地讲给学生听，可能激不起多少波澜，但是，在学生读书时由自己从文中选出来并讲给大家听，其产生的作用则不言而喻了。通过这样的形式，学生对格言有了进一步的深入思考，又在某种程度上引发了其他学生的思考。

除上述形式外，读书会还有辩论赛（就书中某个人物的做法表达观点，展开辩论）、颁奖会（给书中自己最喜欢的人物颁奖，奖项名称和颁奖词自拟）和"后来者"（在全书读完后给自己喜欢的人物续写以后的结局）等。

班级读书会，以德育为中心，以读书为依托，以各种形式的读书活动为载体，让班级充满书香，把教室打造成充满温情和智慧的德育场，引导学生爱上阅读，把书变成学生成长过程中必不可少的精神食粮。这样的读书会，值得拥有。

"西江月+"，用写词的方式助力教育

我热爱中华优秀传统文化，尤其为宋词所倾倒。闲暇时分，我经常阅读、吟诵宋词，并逐渐开始尝试创作词。虽然创作的水平有限，却自得其乐。作为班主任，我时刻想着开发一切可以利用的资源来推进教育工作的开展，于是经过一番摸索和实践，我以"西江月"为媒介，开展了一系列服务教育的创意活动，收到了不错的效果。

高中生在义务教育阶段学过不少宋词，高中语文也有唐诗宋词选读的课程，因此，他们对宋词并不陌生。我要做的并不是语文课堂的延续，而是以词为载体开展活动，使教育在吟诵和创作中悄然入心。之所以选择"西江月"作为媒介，一是有关"西江月"的词学生早就耳熟能详，二是"西江月"的体裁简单，便于创作。"西江月"分上下两阕，字数分布都是六、六、七、六，第二、三、四、六、七、八末尾一字押韵。由于活动是以师生参与为主，所以只在字数和押韵方面提出了要求，而在语音的平仄方面则放宽了标准。

一、助力主题教育

（一）为职业生涯规划助力

职业生涯规划对学生来说至关重要，明确了自己将来要成为什么样的人，就会自我规划高中的生活，为当下的学习提供源源不断的动力。在面向学生的职业生涯规划中，为了让学生对未来的职业有比较明晰的了解，我写了一系列词加以介绍。如新兴的养老产业，很多学生和家长就有误解，他们认为学习养老产业就是进养老院照顾老人的生活起居。我首先对养老产业进行了初步的解释，并写了《西江月·养老产业》让同学们加深理解。"老龄社会到来，老人需要关怀。晚年生活要精彩，还需专门人才。经营管理销售，服务护理全才。吹拉弹唱搭平台，老人笑逐颜开。"再如心理咨询师的工作，我是这样写的："发展日新月异，情绪总是隐瞒。童年青年中老年，都要有人解劝。谈话需要技巧，倾听面质催眠。帮人解忧除困难，人生价值彰显。"这样的方式朗朗上口，给学生留下了深刻印象。

（二）为社会主义核心价值观教育助力

培育社会主义核心价值观要"从娃娃抓起，从学校抓起"，而第一位的就是要"记住要求"，也就是把社会主义核心价值观的基本内容熟记熟背。因此，我发起了"西江月+社会主义核心价值观教育自创词大赛"，要求同学们围绕社会主义核心价值观的内容自己创作"西江月+"，并进行诵读展示和评选。围绕爱国主题，有的歌颂历史人物，有的赞扬顽强拼搏的女排精神。如安岩同学写的《西江月·一带一路》："泱泱华夏千年，谱写友谊诗篇。汉武大帝自不凡，丝路凿通张骞。今日中华崛起，大爱洒向人间。全球经济大发展，世界各国赞叹！"再看宋嘉诚同学写的《西江月·中国女排》："既然实力不凡，就要站在顶端。不畏前方道路艰，国旗无比鲜艳。郎平带领女排，克服一切阻碍。英姿飒爽领奖台，唱出国歌豪迈！"围绕敬业和友善主题，同学们的作品也同样精彩。如黄晓琪同学写的《西江月·宿管阿姨》："宿管有个阿姨，她就像个传奇。天天晚睡又早起，从不精神萎靡。守门相当严厉，年龄几近成谜。楼道环境多旖旎，齐夸敬业阿姨。"这样的作品取材生活，更容易激起同学们的共鸣，潜移默化地影响着同学们良好价值观的形成。

（三）为"美育"活动助力

美育是教育的重要组成部分，而培养学生对生活之美的感悟，正是词能够承担的重要功能。由此出发，我组织了"西江月+感悟生活之美自创词大赛"，要求同学们捕捉身边之美，用词记录下美丽瞬间。如杨文治同学写的《西江月·跑操》："每天必做一事，清晨开始跑操。学校领导常夸耀，不要引以为傲。体委霸气在侧，不时提醒大叫。全体参加不能少，开创十八王朝！"读着这首词，同学们在操场上迈着整齐的步伐、喊着响亮的口号跑操的场景仿佛就在眼前。通过类似的词作，同学们对生活之美的感悟有所提升，有利于审美情趣的培养。

在班里同学积极踊跃参加"西江月+"系列自创词活动时，有几个同学却处在"拣尽寒枝不肯栖，寂寞沙洲冷"的落寞状态。因为这几个同学是美术生，文化课成绩较差，对文字的运用和理解能力也有些欠缺。既然搞活动，就应该让更多的学生参与，最大限度发挥其育人价值。于是我找到这几个同学，请他们给评选出的优秀词作配画，完成后放在醒目的地方进行展示。这样的请求正好发挥出了他们的长项，激发了他们的参与热情。而词中有画、画中有词的自创词作展示活动，更是让同学们品尝到了一场自己动手制作的精神盛宴。

二、助力学科教育

学科教育是学校教育的重要形式，但由于高中生背负了沉重的学业负担，极容易产生厌学情绪。而创新学习形式则可以在一定程度上激发学生的学习兴趣，提高学习效率。基于此，我发起了"西江月+学科教育自创词大赛"，要求同学们围绕自己的学习心得或者学科规律入手，创造词作。看李燕同学创作的《西江月·历史核心素养》："先把时空定位，再来理解事件。阅读史料是关键，需要一双慧眼。现象只是表面，思考才能发现。家国天下自不凡，薪火代代相传。"词中包含了新课程标准中对高中生需要养成的历史学科核心素养——时空观念、史料实证、历史解释和家国情怀。学生认真审视自己所学过的知识，并用朗朗上口的词作再次表现出来，思考和创作的过程就是对所学知识的梳理和回顾，为学科教学提供了很好的辅助。

三、助力学生评语

每当期末写学生评语时，我都要经历长时间的"痛苦挣扎"。既要写得真实，又要写出新意，更重要的是还要打动学生，起到教育的作用。"西江月+"活动的持续激发了我的灵感，于是用"西江月"的方式写学生评语成了我这学期的亮丽风景。

王岩同学头脑聪明，也很善良，但是没有前进目标，每天浑浑噩噩，最后竟然发展到上课偷偷刷手机消磨时光。针对他的问题，我多管齐下，一方面利用学校的纪律进行严格管教，另一方面多次和家长配合帮他树立学习目标，培养他的责任感。经过近一个学期的努力，王岩的情况终于有了一定的好转。在为他准备的评语中，我写下了《西江月·王岩》："我心有个伟男，他的名叫王岩。身材挺拔貌不凡，可叹手机纠缠。现已幡然醒悟，立志挑起重担。待到他日把梦圆，齐夸英雄少年！"在看到评语后，王岩来办公室找我。他含着眼泪说："老师，我犯了这么多错误，这么没出息，你都没有放弃我，我一定会努力的！"走出办公室后，又转过身来，朝我深深鞠了一躬。融情入词的一首《西江月·王岩》，给了这个少年感动和力量。此后的王岩，情况逐渐好转，展现出了一个努力向上的良好形象。

"西江月+"，一种独特的形式，传递的是教育的信念和教师的期待。这些词作水平有限，无法和流传千年的那些经典诗词相比，但是时光流逝，孩子们回忆起高中生活，相信这些带着温暖和智慧的"打油词"会再次击中他们心灵中某个柔软的部分。

"秀"出班级精彩

开学了，我迎来了一个繁忙的学期。在这个学期里，几乎每隔几天就会有比赛或者教研活动需要参加。这对于我的专业成长来说当然是好事，但是也意味着我必须把大部分的精力投入到这些活动的准备中去，在班级管理中投入的精力就会大大减少。如何平衡两者的关系呢？陶行知先生的一句话给了我启迪——"生活即教育，社会即学校，教学做合一"。王阳明先生提倡"知行合一"，陶行知先生倡导"教学合一"，我是不是可以把自己的成长和学生的发展合而为一呢？经过摸索，在接下来的一段日子里，我用"秀"的方式实现了目标。

"秀"努力——我努力，所以我优秀

班主任的一举一动会对学生产生潜移默化的影响，因此想要让学生努力好学，我们自己就必须表现出努力好学的品质。正如陶行知先生所言："要想学生好学，必须先生好学。"

在开学之初，我跟学生讲述了自己的考研故事。我师专毕业后，在济南工作了4年，之后重新捧起书本学习发奋考研，最终成功考入一所"211"大学读研。在讲述这段往事时，我努力地向学生传达了这样一个简单明了的道理——越努力，越幸运。我这一波三折的亲身经历引起了同学们的强烈共鸣。于是在师生相识初期，我就向学生展示了一个努力好学的班主任形象。

一段时间后，我又向学生讲述了我写作的故事。首先我展示了一年来在《班主任之友》《新班主任》《德育报》等刊物上发表的几十篇文章，这时同学们发出啧啧的称赞声。随后我又展示了没有被录用的文章和涂了各种标记的草稿纸，同学们则陷入了另一种惊讶。每一篇成功发表的文章背后都经历了多次修改的草稿和多篇被"枪毙"文章的铺垫，鲜明的对比给同学们留下了深刻的印象。在被问及感想时，有一位学生说了这样一番话："原来我认为我们的'老班'如此优秀，觉得好像离我们挺远，但真没想到他的优秀是在付出了如此多的努力后才得到的。我这才知道所有的优秀都不是凭空而来，都会经历狂风暴雨的洗礼。想成功，想优秀，我们一定要努力！"

在接下来的日子里，每当我结束一次比赛或教研活动，都会和学生分享我成功的喜悦和背后付出的努力。因为我知道一个优秀的班主任，只会让学生敬重；而一个经过努力后变得优秀的"老班"，才会给学生传递一种信念，那就是——"要成功，须努力"！

"秀"关爱——我爱你们

心理学中有这样一个效应，叫作"互悦机制"。一般来说，当你喜爱别人的时候，很大程度上也会赢得别人的喜爱，也就是"喜爱引起喜爱"。因此当学生感受到老师对他的喜爱时，他也会以喜爱回报老师。"亲其师，信其道"，教育工作的开展就会更为顺畅。而要让学生感受到老师的关爱，就需要老师有明确的行动和话语来表示。

其实在行动上表达对学生的关爱，老师们一般都会做到。而在言语上表达关爱，比如对学生说"我爱你们"，有的老师可能就难以启齿，或许难为情，或许不善于表达感情，也或许认为没有必要。但是当我们真的突破了自己，说出那个"爱"的时候，收到的效果会超出我们的预期。在感恩节的晚上，我在班里发表了感恩节讲话，表达我对同学们的感恩之情。在讲话结尾，我深情地对学生说："感谢命运让我和可爱的你们相遇，我以身为你们的班主任而感到骄傲。孩子们，我爱你们！"说完这两句话，教室里先是几秒钟的寂静，接着就是学生的热烈鼓掌和大声回应："老师，我们也爱你！"

有了这样清晰明确的"爱"的表达，师生关系更趋和谐。此后经常收到学生的关爱：有时候是一张小纸条——"老师，听到你嗓子嘶哑，一定要多喝水。"

有时候是一幅画——"老师，过几天你要去市里参赛了，给你画了一匹马，祝你马到成功。"有时候是两块糖……学生金子般的心让我感动，让我深深体会到作为教师的幸福。有了这样和谐的师生互动，班主任工作不再是沉重的负担，而是沉甸甸的幸福。学生在爱与被爱中学会了自我成长，也学会了关爱别人。

"秀"脆弱——我需要你们的帮助

马克思主义哲学认为，任何事物都由对立和统一的矛盾一起组成，这两方面互相依存。由此理论出发，班级作为一个整体，也是由矛盾的双方组成——班主任和学生。这两者的关系也是对立和统一的。在班级建设中，如果班主任做得太多，学生相应就做得少，也缺乏对班级的认同感，长此以往不利于学生的成长；班主任如果退居幕后，学生自然就会做得更多，主人翁的意识也会增强，有利于培育学生自主发展的素养。所以班主任适当示弱，给学生更多的成长机会，要比事无巨细、大包大揽的全能型班主任更接近教育的本质。

在实践中，我有意识地突出这一点。我会在和同学们聊天的时候，"不经意地"透露自己这学期的繁忙和力不从心。在开班委会时，我会强调班级事务自己没有什么好主意而征询他们的建议，如针对当前班级存在的问题，应该召开一个什么主题的班会，班会的流程有哪些，设计一些什么环节；下周有什么集体活动，大家有什么好的建议，怎么准备，如何分工；评选"班级之星"，具体怎么操作，怎么评选……当我主动示弱，把主动权交给学生时，他们表现出的沉稳和最终拿出的方案都足以让我惊喜。当然有的想法和建议并不成熟，但是只要无关大局，我可以在以后找个合适的机会委婉地提出我的建议。激发出学生的责任心和自信心，就开启了学生的成长之门。

在我示弱放权的过程中，有一件事深深打动了我。班长第一次主持班会时，我不放心，便询问班长是否需要我出席。班长斩钉截铁地说："不用。您身体不好，事情多，相信我们，肯定没问题！"我还是不放心，偷偷地打开了教室的监控，正好听到有一位学生发言："我们的'老班'很优秀，也很爱我们，他虽然获得了很多荣誉，但没有一个荣誉是因为我们而获得的。我们大家一起努力，让我们的'老班'也因为我们的努力获得一次优秀班主任，好吗？"大家以雷鸣般的掌声热烈响应。我的眼睛湿润了，一股暖流从心底升起，流遍全身。

示弱后的我，收获了学生满满的爱，同时也欣慰地看到了孩子们的成长。当我逐渐把班级建设的主动权交给学生后，班级的纪律、卫生、学习各个方面都在逐渐走上正轨。学生们自主管理、自主生活、自主学习的能力得到提升，我也有了更多的时间发展自我，从而努力地构建起了一个和谐的"班级命运共同体"。

"秀"努力，为学生树立榜样；"秀"关爱，使学生感受温暖；"秀"脆弱，让学生自主发展。"秀"，实际上是教育理念"内化于心"后的"外显于行"，也相信每位班主任都能用自己的教育情怀"秀"出自己班级的风采。

【此文发表于《德育报》2019 年 4 月刊】

班主任工作中的国学智慧

国学博大精深，其精髓主要包括儒、法、道3家。儒、法、道这3家学说对中国哲学界、政治界和思想界的影响极其深远。在这3家学说的影响之下，中国古代的封建王朝提炼出了8个字的治国之道：外儒内法，济之以道。作为一位历史老师，我在担任班主任工作的这几年里，越来越深刻地体会到这8个字在"治班"方面所起到的作用。在此愿与大家共同分享。

一、外儒

孔子开创的儒家思想影响我国数千年之久，北宋宰相赵普便有"半部《论语》治天下"之说。儒家思想体系博大精深，其核心是"仁""礼""德"以及"中庸"。

1.仁。所谓"仁"，也就是"仁者爱人"。作为教育工作者，尤其是班主任，只有怀着一颗仁爱之心去对待学生，才能真正实现与学生心灵沟通，更好地去教育学生。平时要关注学生的情绪变化，发现异常，及时询问；学生身体不舒服了，要嘘寒问暖，给予关心；学生生活遇到难处，及时给予帮助……真正做到"仁"，能使学生感受到老师的爱，使学生明白老师做事情的出发点是为自己好，这将会化解个别学生存在的敌对情绪，有利于教育工作的开展。

2.礼。所谓"礼"，也就是做事要有规矩。从老师关爱学生的角度来讲，"礼"的要求是"仁爱"，而不是"溺爱"。要用正确的方式热爱学生，而不能纵容学生做他们想做的一切事情。著名教育家孙云晓先生说过："教育的秘诀是真爱。"如果"仁爱"变为"溺爱"，就违背了教育的初衷。从学生的角度讲，"礼"的要求是"尊师爱友"，也就是尊敬老师、团结同学。现在社会上一些不良风气，比如，自私自利、目无尊长、自高自大等开始在一些中学生身上有所体现，"礼"的要求就显得尤为迫切。而且给学生强调"礼"也能够克服学生只知道读死书，不懂为人处世的弊端。

3.德。所谓"德"，也就是"以德服人"。面对学生的不恰当行为，老师的批评和教育是必需的。但相对于严厉的惩罚措施，和风细雨的语言教育和润物细无声的以身作则，更容易让人接受。正如孙子所言："不战而屈人之兵，善之善者也。""德"要求老师要具备高尚的师德，这样的老师举手投足、只言片语都会给学生以深刻的影响，给学生以潜移默化的教育。

4.中庸。所谓"中庸"，也就是"过犹不及"。孔子所提倡的"中庸"，并不是做老好人，谁都不得罪，而是做事要有度。比如说，面对学生所犯的错误，班主任应该指出错误并且进行严厉的批评，这是一位教育工作者必须遵循的原则。但是严厉批评的时候要掌握分寸，既要使学生认识到错误的严重性，又不至于引起学生的逆反情绪，这就做到了孔子所提倡的"中庸之道"。再比如说，学生各方面都做得很优秀，班主任应该给予表扬。在表扬的时候也要掌握分寸，既能够使学生为自己感到自豪，在其他同学面前起到榜样的作用，又不至于使该生骄傲自满，引起其他同学的抵触，这也是"中庸"。再比如说，让年轻的老师比较挠头的问题之一就是怎样处理好与学生的关系。这也要求老师做到"中庸"。既能够使学生喜欢自己，爱戴自己，又能够使学生敬佩自己。做到该严的时候严，该放松的时候放松，"宽严相济"，这也是"中庸"。一名优秀的班主任必然是能够贯彻"中庸之道"的。

以上"仁""礼""德"以及"中庸"四方面即"外儒"的内容。既然"儒"为"外"，那么在班级管理中必然还有保证班级稳定和谐的关键所在，这就是"法"。

二、内法

1.法家思想的精华即"依法治国"。毋庸置疑，"法治"优于"人治"，更能体现出公平、公正、公开的原则，更容易为中学生所接受。要保证班级管理的顺利开展，必须实行"法治"。要实行"法治"，必然要制定"班级制度"。班级通过民主表决的方式产生了"班级制度"。班级所有成员，包括班主任都必须服从"班级制度"，在不触动"班级制度"的前提下学习、生活。

2.法家思想还提倡"术"。所谓"术"，可以理解为老师处理学生问题的方法。这就需要老师认真研读教育学和心理学，琢磨学生的心理和生理特点，并根据学生的特点找到恰当的方法来解决学生的问题，实现"因材施教"，从而做到"知己知彼，百战不殆"。

三、济之以道

当老师和同学们相处融洽，班级实行"依法治班"，班风积极向上的时候，班主任就要遵循"无为而治"的思想，放权给学生，使班级在良好的轨道上顺利运转。此时，班主任工作的大忌是朝令夕改，不断推出新政策，这样就会打乱学生学习、生活的节奏，导致学生无所适从，班级管理混乱无序。所谓"治大国若烹小鲜"的道理正是如此。但"无为"不等于"不为"，不是"消极无为"，而是"积极无为"。发现不利于班级稳定的现象时老师要及时解决，保证班级管理的和谐发展，这样才能真正实现"济之以道"。

"外儒内法，济之以道"这8个字包含了无穷的班级管理智慧，如果班主任在工作中真正体会到其中的奥妙，并且结合实际进行批判性吸收，必然可以收到事半功倍的效果。

【此文发表于《滨州教育》2011年第12期】

讲台上的演讲秀，秀出别样精彩

为何秀？——说者无心，听者有意

年幼时，我酷爱评书，儿时的梦想便是成为一名评书演员。后来成为一名教师，走上讲台，我还真找到那么一点儿说评书的感觉。作为一名历史老师，我试着在课堂上讲故事，设悬念，吸引了一众学生成为粉丝。一次课后，有学生说："老师，你讲的故事这么精彩，可以在网络自媒体上讲一讲啊！"当时没往心里去，后来转念一想，我可以在班里办一个类似形式的节目，讲讲历史故事，聊聊人情世故，谈谈人生经历，说说大千世界，把自己想告诉学生的道理蕴含在节目中，润物无声，学生易于接受，何乐不为？

我把自己的想法和同学们一讲，立即得到了热烈的响应。于是一档名为《"飞"说不可》的节目每周六18:30—19:00在18班的教室里正式上线。选这个时间段，是因为我们寄宿制高中很少放假，而周末时学生学习效率又低，我希望这个节目可以在一定程度上缓解学生的精神疲劳。

秀之形——形式多样，服务德育

《"飞"说不可》形式多样，包括"一枝独秀""一时之秀"和"后起之秀"。

"一枝独秀"，就是我一个人讲故事，包括讲述我自己的故事系列、历史人物系列和班级史系列。讲述我自己的故事，主要是讲我的大学生活、考研故事、教育写作故事、"读万卷书"（介绍读过的书）和"行万里路"（介绍旅行见闻）；历史人物系列包括精神家园、人民英雄和历史罪人三部分，主要是对学生有教育作用的历史名人；班级史系列则主要回顾18班成立以来的大事件，特别是刻意渲染了每位同学的精彩瞬间。讲述我自己的故事，拉近与学生的距离，体现了尊重和平等，其效果远胜过单纯的说教，学生更易于接受；讲述历史人物故事，一方面让爱国、责任、良知、奋斗等正能量植根于心，也告诉学生做人需要坚守底线，在关键时刻坚定自己的信仰；班级史让学生感受到老师的关注，增强了班级的凝聚力。

"一时之秀"，顾名思义，就是一个时代的英才。我无法邀请到这个时代光辉夺目的社会精英，但是可以找到身边的杰出人物、优秀人才。节目采取我主持访谈、请学生家长和毕业校友做嘉宾的形式，借助他们的力量向同学们介绍他们的高中和大学生涯、现在所从事职业的特征，以及各自的酸甜苦辣。比如，在大学就读的学姐向他们介绍大学所设置的专业、学习的内容，以及不同的专业分别适合什么样的学生报考；已经参加工作的学长介绍自己的职场体会；在企业做人力资源的家长给同学们介绍现在公司需要什么样的人才……这一系列访谈节目构成了学生职业生涯规划的重要内容。

"后起之秀"，就是让学生"秀"出自己的知识。给学生更多的机会展示自我，有利于学生的自主发展。经过深思熟虑，我决定在班级开展读书会活动。我精选了适合中学生阅读的书籍，每周安排时间开展阅读课，让学生在演讲节目中介绍自己的读书心得。而我由节目的主持人兼导演变为退居幕后的策划，把舞台交给学生。在升学率压倒一切的农村高中搞这样的活动是需要勇气的，但是学生通过阅读和发言，锻炼了语言表达能力，增强了自信心，拓宽了知识面，极大地发挥了这个节目的教育价值。

其实，不管何种形式的"秀"，都是德育的载体，其最终目的都指向德育，都为促进学生的成长。

怎样秀？——"魂""扣""情""趣"，春风化雨

《"飞"说不可》作为一档面对学生的讲谈类节目，具有独特之处，具体体现在：

（一）"魂"，也就是灵魂，有主题

与媒体上同类节目相比，它的不同之处在于，它的观众是高中生，所以节目不是为了娱乐，也不是单纯为了增长知识，而是为德育服务，因此每期节目都会确立一个德育的主题。和教师的单纯讲话也不同，节目的主题不会一开始就透露给学生，而是随着故事的进行或节目的进展，由教师引导学生挖掘出主题。比如说我的考研故事：我从滨州师专英语系毕业，年轻时不甘寂寞在外闯荡，后来事业不如意转而跨专业考研。本来没抱多大希望，没想到经过两个月的努力竟然过了分数线，狂喜之余和学校联系，被告知名次靠后，需要自主联系调剂到其他高校。于是我全国各地联系调剂学校，一开始锁定了一所普通院校，但临近复试又被告知条件受限不被接纳。临近绝望之时收到另一高校的调剂邀请，高高兴兴去复试结果被淘汰。再次绝望之时，却鬼使神差收到南方一所"211"大学的调剂申请，最终成功在该校攻读历史学。

这个故事一波三折，学生的情绪也随着我的讲述不断变化，或微笑，或紧张，或释然，最后是热烈的掌声。讲完后我问同学们，我的成功是不是因为太走运了，同学们先是点头，继而摇头，并最终说出了6个字——越努力，越幸运。而这正是这期节目我要传递的主题。

（二）"扣"

评书中会设置悬念来吸引听众，这被称为"扣子"。在我们的节目中，我也会设置这样的"扣子"，激发学生的兴趣。

（三）"情"

要想让节目最大限度发挥育人价值，教师需要倾情投入。要感动别人，首先要感动自己。比如，班级史系列的"运动会"一回说到了这样一幕："金秋九月，秋高气爽，阳信县第一中学的体育场上红旗招展，人山人海，时而齐声呐喊，时而嘈杂纷乱。这是在干什么呢？原来正在举行一年一度的校级秋季运动会。在高二（18）班的看台区域，班主任张老师正眉头紧锁，思虑着心事。什么心事？运动会已经进程过半，18班却仍未开张，一分未得。作为老师，他当然是安慰没有拿到名次的同学：参与就好，付出就好，结果并不重要。但是他更希望能够有所突破，以此振奋士气。于是张老师问全盘负责的班长王丽娟：'接下来是什么项目了？'王丽娟看了看秩序册，回答说：'是女子200米决赛，咱们班有李燕参赛。'话音刚落，听到跑道上传来一声枪响，8名女生刹那间冲出起点。只见一名短发红衣女生一马当先，冲到了最前面。这名女生不是别人，正是李燕！18班的看台沸腾了，大家齐声高呼：'李燕加油！18班必胜！'在这山呼海啸的呐喊声里，李燕越跑越快，已经领先第二名好几个身位。离终点越来越近，李燕始终保持领先！30米、20米、10米、5米……李燕像一阵红色的旋风，掠过跑道，率先冲过终点，获得第一名！18班的看台再次沸腾。果然是大将出马，一击必杀！李燕为18班拔得头筹！……"听着老师声情并茂、慷慨激昂地演绎学生的故事，同学们既激动又感动，他们为自己曾经的辉煌瞬间而激动，为老师记住他们的每个瞬间而感动。正如有的同学所说："这样的故事，我会永远记得。老师为我们书写了我们过去的精彩故事，接下来我们一定会用自己的奋斗去书写未来的精彩故事！"

（四）"趣"

这里的"趣"，我特指幽默感。幽默感是可以培养的，一个具有幽默感的老师肯定会受到学生的欢迎，幽默的故事有足够的魅力吸引学生的注意力。

小小演讲秀，秀出大精彩。教育的载体是多元的，只要我们多一些缜密的思考，多一些创新的实践，相信每个老师都会找到教育的精彩。

【此文发表于《班主任》2020年第10期】

教育叙事

同学们，对不起

常言道："人非圣贤，孰能无过？过而改之，善莫大焉。"这句话多少次被我们拿来用于教育学生改正错误，而当我们自己犯了错，又该如何呢？在9年的高中班主任生涯中，我曾有3次向学生道歉的经历，现在想起来仍记忆犹新。

第一次

这一年的秋天，我走上了工作岗位。

按照学校安排，我担任了艺术班的班主任。在我们学校，艺术班是由普通高考无望而寄希望于艺考的同学组成。毋庸讳言，他们是这所学校最难管理的一批学生。为了让班级尽快走上正轨，我决定实施"严刑酷法"，通过严厉的惩罚和严肃的批评先镇住这群捣蛋鬼。然而事与愿违，经过两个多月的整顿，班级的整体情况仍然没有丝毫好转的倾向。直到有一天，我突然得知他们正筹备集体罢课以逼我辞职的消息。在震惊之余，我还感到委屈，委屈之后，终于恍然大悟：换位思考，如果我是学生，会喜欢这样一个苦大仇深、每天教训人的班主任吗？如果班主任工作方法如此简单粗暴，又能给我的成长带来什么？我必须改进工作方法，赢得同学们的信任和支持。

在班会课上，我公开向同学们道歉："我为这段时间的工作方式向大家道歉。我爱你们，只是不懂如何表达。我以为我原来的做法是正确的，但忽略了你们的感受。以后我仍然会严格要求大家，因为这是一名教育工作者的底线。但是我一定会改变工作方法，让大家看到一个愿意和你们做朋友，并且愿意与你们共同成长的'老班'。同学们，对不起！"说完，我向同学们深鞠一躬。全班响起雷鸣般的掌声，在这掌声里，我得到了同学们的谅解。

这次道歉，我努力地诠释着两个字——真诚。

第二次

又是一年高三。

正当有了两轮带毕业班经验的我认为这次也会一帆风顺的时候，挫折像一阵狂风骤然而至，打了我一个措手不及。9月的一天，身体一直很好的母亲突然感到一阵眩晕，在县医院开了点药，吃了后觉得好多了，所以也没放在心上。没想到，自此之后，眩晕的次数开始增加，病情也越来越严重。我陪着母亲从县医院到市医院，再到省医院，多次诊断，多次治疗，最后才确诊为一种比较罕见的病——梅尼埃病。接下来的治疗也是一波三折，先是药物治疗，无效后又转向手术治疗。断断续续历时半年，母亲痛苦不堪，我也心力交瘁。

在妹妹照顾母亲的时候，我抽空回学校上课。走进教室，看到学生刻苦学习的身影，深深的愧疚感涌向心头。我向同学们解释了多次请假的原因，并动情地向同学们道歉："高三是你们人生最关键的阶段之一，作为班主任的我本应该与大家一起奋战，相伴走过这一年的风风雨雨。可是却因为家事屡屡请假，我很惭愧，在此向大家道歉。同学们，对不起！我没有尽到一名高三班主任的职责。"说完，我向大家鞠躬致歉。同学们很感动，纷纷表示："老师，你放心吧！我们会听话的，也会努力的。你一定要安心照顾母亲。"听到同学们的安慰，我热泪盈眶。

这次道歉，我认真地诠释着两个字——责任。

第三次

又是一年高一。

学校刚刚从县城中心的老校区整体搬迁到位于郊区的新校区，各种设施还不完善，特别是没有安装公用电话，这就给住宿生带来诸多不便。可是学校规定不准带手机入校，家长又对刚离开家住校的孩子不放心，无奈之下，我只得允许学生带手机入校，打完电话就放到我办公室的柜子里锁起来，周末放假的时候统一发放。

可就在第一次放假的这天早上，我突然接到通知，全体班主任立刻出发去滨州开会，下午返校。学生上完两节课后才放假。因此，当我匆匆忙忙坐上车的时候，心中想的是拜托哪位任课教师安排一下放假的作业和学校布置的任务，却把今年的新情况——手机的事抛到了九霄云外。

开会期间，手机静音。中间休息时，拿出手机一看，好家伙，竟然有30多个未接来电！猛然想起，学生的手机还在办公室锁着呢！由于没能接到电话，有的家长已经发过来带有明显不满情绪的短信。我只好在家长微信群里说明情况，并逐个联系学生，确认是否已安全到家。正当逐步落实的时候，又有几个家长发短信要求返还手机。我不禁有点恼火：还能贪污你的手机不成？但转念一想，毕竟错误在我，所以第二天我又挨个联系家长把手机送到。等到忙完了，心情逐渐平复，我越发自责：老师答应的事情没有做到，学生怎么看？身教重于言传，这次的失信会不会给学生的成长带来消极的影响呢？不能就这样结束，必须想办法挽回。

放假归来，正值家长会。我在家长会上向全体家长和学生道歉："家长朋友们，同学们，对不起。手机的事给大家带来了诸多不便，不管有什么样的客观情况，错误在我，因为我失信了，向大家道歉，请求大家原谅。"说完，我向大家鞠躬致歉。大家纷纷表示理解，那几个颇有情绪的家长也有些不好意思，会后向我表示了歉意。

这次道歉，我真诚地诠释着两个字——诚信。

3次道歉，我相信不仅无损教师尊严，而且让教师的形象更加高大。因为学生由此可以感受到尊重和平等，这正是教育的重要前提。

其实，3次道歉，都在一致地诠释着两个字——教育。

【本文发表于《班主任之友》（中学版）2018年第4期】

一次集体罢课带来的成长

事发

这一天的晚自习后，我回办公室休息。刚走到办公室门口，突然听到背后响起一阵脚步声。回头一看，原来是我班里的学生小薇和小惠。

"老师，您有空吗？"她们小心翼翼地问道。

"有空啊，怎么了？"看到她们的样子，我心头一紧，不会是出什么事了吧？

"老师，有些话埋在心里好几天了，我们想跟您说说。"她们看起来像是鼓起了很大的勇气。

"好吧，到办公室说吧。"

走进办公室后，小惠着急地说："老师，现在班内形势很不好，很多同学都对您不满，有几个同学想组织'起义'。"

我大吃一惊："为什么'起义'？"

小薇说："开学两个多月以来，您对我们很严厉，我们几个很理解，知道老师是为我们好。可是很多同学有怨言，他们并不理解您，觉得您不近人情，每天只知道苦大仇深地批评我们。"

小惠接着说："有几个同学商量好了，准备一起罢课，并以此为契机向校长'弹劾'您，要求换班主任。"

我倒吸了一口凉气。

这学期我第一次接手学校最难管理的班级——艺术班，这个班级由艺考同学组成，绝大部分同学成绩差、学习习惯差，分班前就是每个班内最令班主任头疼的一批学生。我原本以为做好了充足的心理准备，但是没想到事情会发展到这种地步！

想到这里，我有些恼羞成怒："他们要罢课，我就通知他们的家长来，看看谁比谁强硬！"

小惠叹了一口气，轻轻地说："老师，您太激动了。这样做有什么好处？您是我们的老师啊！"

一语惊醒梦中人。

是的，我是老师，怎么能把自己和学生对立起来呢？我是一名教育工作者，工作是教育学生，怎么可以任由自己的情绪失控呢？当学生真的走到"起义"关头，对我的成长，对学生的成长，会带来什么呢？自担任艺术班的班主任以来，我像一名救火队员一样，每天只知道板着脸批评和惩罚学生，在学生心里，我已经成了他们的敌人。这种情况下，还谈什么教育？

想到这里，还真有点后怕。

我的思想问题解决了，但是接下来应该怎么办呢？

对策

既然矛盾源于学生和我的敌对，那接下来我的应对措施就是让学生明白：我是爱他们的，是他们的朋友。很快，我就等到了机会——一年一度的冬季越野赛要开幕了。

比赛的场地位于开发区，学生参赛时需要各班自己解决交通问题。大部分班级是学生自己骑电动车去，针对我班的问题，我决定自己开车带学生去。运动员加上服务的同学共有12人，我开车跑了3趟，把他们送到了比赛场地。同学们对我的行为颇感意外，但也很感动。在等待比赛的间隙，听到他们和其他班学生交流时炫耀"我们'老班'开车把我们送过来的"，我心中有点窃喜。在比赛前后我嘘寒问暖，准备热水、棉大衣、医药箱，并在比赛后又开车把他们送回学校。通过这次冬季越野赛，我能感觉到我和学生之间的坚冰在逐渐消融。

初战告捷，接下来我迎来了第二个契机。

11月的第四个星期四是感恩节，我想利用"感恩"这个意义，站在老师的角度上对学生进行感恩教育，让学生学会感恩父母、感恩老师。可是对我来说，在学生筹备"起义"的紧要关头，怎样让学生感恩，这显然需要更多的技巧。经过深思熟虑，我决定反其道而行之，给学生写一封感恩的信，以此表达我对学生的感恩之情。

这个周四的晚上，我在班里给同学们读了我写给学生的一封感恩信。在信中我首先明确说明："我和所有班主任一样，喜欢自己的学生，也喜欢在别人的面前夸奖自己的学生。"接下来我把班内所有同学的优点总结出来，把每一个同学都表扬了一番。当我读着每个同学的名字热情洋溢地赞扬他们的亮点的时候，我可以明显看到同学们惊讶的表情和脸上泛出的光彩。在信的最后，我说："从开学到现在两个多月的时间，我对犯错误的同学进行了严厉的惩罚，可能相关同学对此并不理解。我为我工作方法的失误之处向相关同学道歉。"说到这里，我向同学们深鞠一躬。这一刻，同学们惊呆了。教室里安静了足足有3秒钟，然后响起了雷鸣般的掌声。我接着说："我会改正我的工作方法，但我仍然会严格要求你们，因为这是一名教师的原则和底线。值此感恩节之际，我感谢命运让我成为你们的班主任，我爱你们！"说完之后，同学们报以经久不息的掌声。

第二天，我收到了所有同学的回信，每封信都情真意切。"老师，听了您的一番话，我知道误解您了。我真后悔，给您惹了这么多的麻烦。老师，对不起！""老师，您没有必要向我们道歉。我们应该向您道歉，我们太调皮了，经常犯错，让老师为我们操心。""老师，今天听到了您说的心里话，我很感动。我一定改正错误，好好学习。""老师，当两年后高考成绩揭晓的时候，我们一定会报喜，把您的电话打爆。到那时，我们会骄傲地告诉别人，我们都是您的学生！"……

读着同学们的信，我很感动。相信此刻，没有人再想"起义"了，我用我的真情和付出换回了同学们对我的理解。

后记

经历了这次"起义"风波，我的工作方式发生了很大转变。我学会了用放大镜发现学生取得的点滴进步，学会了在批评学生时让学生明白老师是站在朋友的角度上善意提醒，学会了向学生表达自己的关心、爱护以及期望。班级的学习氛围和纪律逐渐好转，我和同学们的关系更趋和谐。

一年后，在那个寒冷的冬天，我提前结束假期，陪伴我的学生们投入了艺考大军的滚滚洪流中。我给他们订酒店、买车票、规划公交路线、安排学校报考顺序，忙得不亦乐乎。我和同学们的并肩作战，更加深了我们的师生情谊。最终，学生们以优异的成绩回报了我，高考成绩揭晓后，我们班高考过线人数创造了学校历史上一个不大不小的奇迹。在高考结束后的表彰大会上，主持人问我取得好成绩的秘诀，我感慨地说："所有的故事都源自于学生的一场'起义'……"

【此文发表于《班主任》2018年第8期】

我让学生写"影评"

这天下午课间，我到自行车车棚去检查学生的自行车摆放情况。刚刚走到车棚，就听到对面教学楼内的教室里发出巨大的喧哗声。我定睛一看，大大出乎我的意料，竟然是我的班级！我顿时火冒三丈。看到教室内书本飞舞，几个同学连打带闹，我的第一反应是走过去大吼一声。但是迈出几步后，我突然意识到，怒气冲冲地走进教室把学生训斥一番能够起到教育的作用吗？我想好怎么教育学生了吗？还是仅仅为了发泄自己的情绪？想到这里，我停下了脚步。与此同时，教室内的同学们也看到了我，"嘘"的声音响起来，教室一会儿安静了下来。

还是想好办法再说吧。回办公室的路上，我一边走一边思考，怎么做才能触动学生的内心，真正起到教育的作用呢？

走在走廊里，几个同学正在我的身后聊天，断断续续有几句话传进了我的耳朵里："电影场面可火爆了！""几个动作特别帅。"……我突然灵光一现，如果把教室内打闹的场面描绘成电影片段，让学生站在旁观者的角度写个影评，是不是能让学生唤醒自己的内心呢？

对，可以试一试。

晚自习前，我走进了教室。

"同学们，你们喜欢看电影吗？"

"喜欢！"一些同学开始兴奋起来。

"今天老师看到这样一段真实的画面：下午第二节后，某间教室里，有的同学在追逐打闹，有的同学在大声喧哗，还有的同学在扔课本……整栋教学楼里，这间教室制造的噪声最大。如果我把这个场景拍成电影的话，你会在这部电影里扮演一个什么样的角色？如果你是这个班的班主任，你看到这样的电影画面会有什么样的感受？如果你是一名导演，你会拍一个什么样的电影片段来展示一个优秀班集体的课间呢？为什么？请同学们从这几个角度出发，写一篇短影评。"

15分钟后，我收起了同学们的"影评"。

有这样一份典型的"影评"："我为这个混乱的课间感到羞愧，因为我当时正在打闹。如果我是'老班'，我肯定会很失望。'老班'屡屡提到我们是他见过最优秀的一批学生，但是我们并没有给他争气。如果我是导演，我会拍出这样一幅画面来展示一个优秀班集体的课间：有的同学去上厕所，有的同学趴在桌子上休息，有的同学在讨论问题，有的同学在教室外聊天。这才是文明休息的画面，因为追逐打闹和大声喧哗会影响别人休息，也不利于下节课的准备。"绝大部分同学的"影评"都和这一篇大同小异，这样的反思正是我想要达到的效果。

当然也有一些不同的声音，有的同学认为课间活动有点乱无所谓，是正常的。对此，我把这份典型的"影评"展示给大家看，并让同学们进行了讨论。最终大家一致认可了课间应当遵循的原则——文明休息，不打扰别人，为下节课做准备。

不管我们采取什么样的教育方法，必然要通过学生的内化才能达到教育的效果。因此，学生的自我教育会比我们的单纯说教收到更好的效果。正如苏霍姆林斯基所说："只有能够激发学生去进行自我教育的教育，才是真正的教育。"

接下来的几天，课间果然安静了好多。

【此文发表于《德育报》2018 年 12 月 17 日刊】

高考前的"定心丸"

黑板上的高考倒计时牌终于变成了个位数。

之所以说"终于",有两层含义:一是老师3年一个轮回,挺过这几天就要"解放"了;二是学生12年寒窗苦读,熬过这几天就要"决战"了!

但是,这几天又很关键。因为随着高考的临近,学生有的不仅仅是跃跃欲试的冲动感,更多的还是"压力山大"的考前焦虑感,这种矛盾交织的复杂心情会让学生心绪不宁。

作为班主任,怎么办?

没问题,我已经准备好了两粒"定心丸"。

第一粒:祝福

6月1日。距高考还剩6天。

为了这一天的班会,我提前一个月就联系好了上届考入大学的学生,请他们给即将参加高考的学弟学妹们录制祝福视频。为了让这段视频的作用发挥到极致,我做了详细的部署——10名大学生每人负责5名同学,这样班内50名同学一个不落都能收到来自大学生的祝福。经过紧锣密鼓的准备,这一天的晚班会课上我播放了这段视频。

"大家好,我是你们的学姐马晓艳,现在在中南大学读书。高考快到了,我在长沙为你们祝福,期盼你们马到成功。在这里特别嘱咐一下曹文慧同学,听'老班'说你的理想学府是中南大学,我在这里等你哦!记住,相信自己!高考只不过是一场比较正式的模拟考而已。加油哦……"

"大家好,我是你们的学长冯学智,现在南京理工大学读书。几天后要高考了，我祝愿你们旗开得胜！郭庆新同学，听'老班'说你自第一次模拟考试后进步很大，我相信你一定会成功的……"

"学弟学妹好，我是张梦月。我背后就是曲阜师范大学的孔子塑像，传说在这里送祝福，能沾上孔圣人的才气，高考会超常发挥。我在这里祝愿大家考出理想成绩！霍英林同学，不要被数学吓倒，尽力做好就可以。我相信你……"

……

当同学们看到学长学姐们在美丽的大学校园给自己送祝福时，脸上写满了激动和喜悦。我相信，这些独特的祝福，一定会带给他们巨大的力量，走好高考之路。

第二粒：许愿

6月5日。距高考还剩2天。

晚饭后，同学们来到了操场。

"知道老师叫你们来干什么吗？"我问。

"不——知——道。"学生们依然是一头雾水。

"今天我们来做一件神圣的事——为自己的高考许愿！"说着，我拿出了早已准备好的孔明灯。

同学们兴奋不已，欢呼雀跃："耶！"

大家一起把写有"高考必胜"的孔明灯点燃。一会儿，孔明灯冉冉升起，越飞越高，同学们开始闭上眼睛许愿。当孔明灯渐渐淡出视野，我庄重地说："同学们，我们已经为自己的高考许下了心愿，而那盏孔明灯已经把我们的愿望带到了未来，给我们的高考带来幸运。所以，我们高考必胜！"

同学们齐声欢呼："我们必胜！"

看着同学们因兴奋而涨红的脸，我相信这种强烈的仪式感定会强化他们高考前的信心，微笑着步入考场，平静地面对高考。

"定心丸"，其实都是运用了心理学上的"安慰剂效应"，也就是积极的心理暗示。通过祝福、许愿等方式，让学生抛掉思想上的包袱，对自己高考的成功坚信不疑，轻松上阵，最大限度地挖掘潜力，争取高考的最佳状态。

"定心丸"是我作为一名高三班主任在高考前送给学生的最后一份礼物。不管以后学生们将走向何方，从事什么样的工作，当他们想起这些事情，如果能感到一丝温暖，或者给以后的工作和生活带来一丝启迪，我就心满意足了。

学生被冤枉后

"老师,您有空吗?我想找您聊聊。"

听到声音,正忙着备课的我抬起头,看到小冉两眼通红地站在我身边。

我赶紧招呼她坐下,让她慢慢说。

小冉是我的历史课代表,她性格活泼开朗,只是近段时间情绪有些低落。听着她一边抽泣一边断断续续地诉说,我弄明白了事情的来龙去脉。

小冉和班里一位男生是多年的同学,平时非常熟悉,所以经常嬉戏打闹。于是家长和班主任老师认定他们是在谈恋爱,而且进入高三后他们的成绩又有所下降,他们便成了班主任重点约谈的对象,从旁敲侧击到"威逼利诱",令他们着实吃不消。今天,班主任方老师又在教室里不点名地提了他俩的事。可能话说得比较重,说小冉不自爱,是为了"攀高枝"(因为那位男生家庭条件比较优越),所以她感到特别委屈,因此来找我倾诉。

从小冉的话来判断,她感到很委屈,很无助,如果我这时为她的班主任方老师辩护,肯定会激起她情绪的反弹。所以我决定先疏导她的情绪,再伺机解决问题。

我递给她几张纸巾,真诚地说:"小冉,我很理解你的感受。本来没有的事,被别人误解,而且还没有机会争辩,确实挺窝火。"

在我的劝慰下,小冉的情绪逐渐稳定下来。我便装作不经意地闲聊起来:"你们小组在负责弄红色文化与中学生成长的专题吧,我这儿有首诗,是刘伯坚写的,看看对你们的主题有没有帮助。"

我把这首诗找了出来,小冉轻轻读了起来:

带镣行

带镣长街行，蹒跚复蹒跚，市人争瞩目，我心无愧怍。带镣长街

行，镣声何铿锵，市人皆惊讶，我心自安详。带镣长街行，志气愈轩

昂，拼作阶下囚，工农齐解放。

小冉读完后，我观察着她的表情，问："是不是觉得没什么特别的？"她不好意思地笑了笑。

"我们先一起来了解一下这首诗是什么状况下写的。"我向她展示了这首诗的背景介绍：1935年，中央红军第五次反"围剿"失利后，主力离开中央苏区开始长征，刘伯坚则根据指示继续留下来进行游击战争。在一次战斗中，刘伯坚受伤被俘。敌人为了羞辱他，便给他戴上镣铐，押着他在最繁华的长街游街示众。这首诗真实记录了当时刘伯坚的心情。

"想象一下，假如是你遭遇了这样的场景：大部队都转移了，只有你领着一小部分人留下来继续进行艰苦的战斗，没有援兵，敌强我弱，非常艰苦，你有什么感想？当战败被俘，你拖着伤腿，衣衫褴褛，身戴镣铐，在众目睽睽下蹒跚前行，你的心情会怎样？"

小冉想了一下，说："我肯定感到委屈、压抑，就像刚才在教室里方老师批评我时一样。"

"那你再读一下刘伯坚的这首诗，看看他是什么心情，又是如何应对的呢？"我顺势引导。

"刘伯坚面对极其危险的局面，没有闹情绪，而是坚持战斗。即便被俘受辱，他依然坚定着自己的信仰，用满满的自信和大无畏的精神去面对这一切。他的内心真的很强大。"小冉由衷地说。

"对啊，人应该拥有一颗强大的心，我们不可能左右所有人的想法，也不可能去堵住所有人的嘴，但是我们身处逆境时应该像刘伯坚那样坚定地走自己的路，做好自己应当做的事。这才是一个被敬重的人应有的样子。"我顺势接着话题往下聊，从老师为什么会误解（因为两个人的成绩都有明显的下降），到反思两个人的行为的不合理之处（确实打闹颇为频繁），再到如何想办法化解这种误

解（当面解释、写信或是让我帮忙），以及如果努力后误解仍然无法消除应该如何面对（做好自己应当做的事，提高自己的学习成绩，用事实为自己辩护）……这些话题都顺畅了很多。

看着她离去的背影，我的心中不禁有些感慨：我们这一代人上学时曾经是男女泾渭分明，互相多说几句话都会被同学非议。而现在的学生男女之间打闹嬉戏基本成为常态，如果我们依然认为男女之间交往频繁就是早恋，只要是早恋就会影响学习成绩，那证明我们的思维已经严重落伍于这个时代了。教师应该抱有一颗谦卑的心，时刻更新思想，关注学生动态，留意合适的教育资源，让学生通过自我反思发现自己的问题和不足，也许会收到更好的教育效果。

班旗被吹落后

临近高考，学生压力陡增，一点儿小事都可能会影响到情绪。

上午的大课间是高三学生的跑操时间。我们班学生刚跑出去几步，突然来了阵狂风，队伍最前面的班旗就被吹离了旗杆，飞向了半空又落到地上。我赶忙跑过去和学生捡起班旗重新固定在旗杆上。在收拾好重新返回队伍继续跑步时，听到有人嘟囔了一句："高考出征前夕，班旗吹落在地，真是不祥之兆啊！"我一开始没往心里去，以为他们在开玩笑，但转念一想，觉得事情没有这么简单。高考在即，这些小事还是会多多少少影响到情绪。我一边跑步，一边在思考着对策。

一会儿跑步结束，学生在终点集合。我笑着对大家说："今天跑操时，相信大家都看到了一起偶然事件——班旗吹落。刚才我听到有人说这是不祥之兆，能解释一下吗？"

"老师，唐朝大将哥舒翰带领大军征讨安禄山叛军，出征之前，军旗落地，结果大败；明朝靖难之役南军也出现了相同的情况。这是有历史依据的。""历史专家"小明解释道。

"我要为你丰富的历史知识点赞，不过我得纠正一个细节，这两次军旗落地是因为旗杆折断，而不是单纯的旗帜被风吹落。我们班的旗杆并没有折断，只是大风把班旗吹走了。"我纠正道。

看着大家频频点头，我趁势引导："当然，旗杆是否折断，旗子是否刮飞，完全是偶然事件，和战争的输赢扯不上任何关系，它唯一影响的是人的心。刚才小明提到的这两次战争旗杆断的一方之所以失败，在于军心已乱。而今天我们的班旗吹落，我倒觉得是个吉兆，大家想一想，为什么？"

学生好像炸了锅，迅速热烈地讨论起来。

"旗帜脱离了旗杆，预示着我们的高考会旗开得胜。"小史率先发言。人群中随后响起一阵掌声。

"我们的班旗是红色的，预示着我们的高考会红红火火！"

"风吹走后，旗帜飞向了高空，说明我们的高考成绩会一飞冲天！"

……

大家争先恐后发言，欢呼声也此起彼伏。

等学生逐渐安静下来，我郑重地说："人这一生会迎来多次大考，高考只是其中比较重要的一次。人这一生也会遇到许多偶发事件，高考前的这次班旗被吹落也只是其中一次。重要的不是这些事件本身，而是我们主观上想赋予它何种意义。就像刚才这样，只要我们拥有积极的心态、高昂的斗志，所有的偶发事件都是我们幸运的象征。带着这样的思维习惯去应对人生中的每次大考，我们就会无往而不胜！而这一次的偶发事件，正如大家刚才说的那样，预示着我们的高考会——旗开得胜、红红火火、一飞冲天！"

热烈的掌声再次响起，透过掌声，我看到自信的笑容洋溢在每个学生的脸上。

在师生相处的过程中，我们会遇到许多这样的偶发事件，当我们从教育的立场出发，认真思考，用心策划，我们就会发现，这些偶发事件就是一次次绝佳的教育契机。而学生的成长，也正是在这些小事中孕育、萌芽，日积月累，最终让学生成为更好的自己。

【此文发表于《班主任之友》2022 年 5 期】

深藏心底的愧疚

最近接到了毕业多年的学生小茹的电话，在电话里，谈到当年高中时代的点点滴滴，小茹的语气里满是怀念，我也因为学生仍然牵挂着我而欣喜不已。

"老师，你还记得小敏吗？"小茹突然问道。

小敏？我心头一紧，思绪随之回到了6年前。

那年高二，小敏是文理分科后转入的一名普通学生，起码在我看来和其他学生没有什么区别。直到有一天，班委小丹找到我，说小敏压力很大，心理方面好像有些不良反应，让我有空找她谈谈。自以为懂一些心理学知识的我一口答应，并且想当然地认为小敏不过是学习压力大，开导一下就没事了。

第二天，我找到小敏，询问她的近况。她一边说，我一边整理记录。最后整理的情况如下：（1）晚上难以入睡，即使睡着了，也整夜做梦。梦的内容惊人的一致，总是梦到各种各样的、不同花色的猫。这些猫在梦中尖叫，让小敏头疼欲裂。（2）感觉所有的人都用异样的目光看她，只要别人聊天，她就感觉是在说自己的坏话。因此，和同学们的关系搞得很僵。（3）休息时经常能感觉到有人推门走进宿舍，并且直奔她的床铺而来，但别人从来没有发现。（4）小敏经常感到恐惧，只能找好朋友小茹倾诉。在倾诉的过程中小敏就抑制不住用牙咬、用手掐手臂，导致小茹手臂上留下了很多伤疤。

听着小敏的叙述，看着手中整理的记录，我感到一股寒意从脚底升起直到头顶。这些问题，别说让我处理，有生之年我都是第一次听说学生出现这样的病情。毫无疑问，小敏已经出现了明显的幻觉和强烈的攻击性，这样的情景好像只在电影和小说中才看过到，而现在就真切地发生在我的身边。

我简单安慰了小敏几句，让她回了教室，然后去找学校的心理老师求助。在听完我的叙述后，心理老师查阅了相关资料，然后很严肃地告诉我，小敏应该患有一种精神疾病——青春型精神分裂症。这种状况建议马上休学，去省城大医院的精神科进行治疗。

我联系了小敏的家长，向他们转达了心理老师的判断和建议。于是，小敏请假去治病了。

时隔半年，小敏重新返校。问及病情，她回答说已经康复。然而不出两个月，病症更加不可收拾。首先是一次自习课上，小敏突然毫无征兆地对前排的小茹发动袭击，把小茹的脸挠花了。接着小茹的家长找来学校，言辞激烈，怒气冲冲。原来小茹家长看到孩子身上的伤疤心疼不已，问明缘由，得知小敏是罪魁祸首后，便找到学校来要个说法。

我赶紧分别找到小茹和小敏了解情况。原来小敏回校不久后便旧病复发，所有症状都依旧如初。当详细问及治疗状况时，小敏说只是在县医院开了一些镇定的药品，并没有去省城的大医院治疗。我不禁愕然，难道是家长没有弄明白小敏病情的严重性？

面对小敏难以控制的病情，我只好再次联系小敏的家长，向他们说明了小敏现在的状况和病情治疗的迫切性。没想到小敏的家长十分不悦，生气地说："我们可以把孩子带走，但是请不要说我的孩子有病！"我有些意外，试图进一步解释，然而小敏的家长坚决不承认孩子的心理存在问题，最后带着孩子离开学校，我们的谈话也不欢而散。

"老师，你在听吗？"小茹的声音把我从回忆拉到了现实。

"小敏现在怎么样了？"我赶忙问道。

小茹说，小敏离校后在父母的安排下，去了一所中专学校学习护理，然而不到两个月又因为心理问题再度退学。退学后，父母很快给她安排了相亲，然后她远嫁他乡，结婚生子，现在和同学们都已失去了联系。

挂掉电话后，我的心情久久不能平静。我固然可以把小敏的遭遇归因于她家长的讳疾忌医，但是作为班主任，我真的就没有责任吗？在当时的情况下，我是不是还有其他更好的选择？在和小敏的家长沟通不畅时，如果请校领导出面是不是会提升谈话的权威性，更有利于事情的解决呢？小敏家长的行为看似难以理解，但从一个普通农村百姓的视角看，如果女儿被定性为精神有问题，在这个相对封闭的北方小城里，自己一家也就注定成为人们茶余饭后的谈资，这样下去女儿将来如何生活？从这个角度上讲，我和家长沟通的时候，如果不是一味地强调病情的严重性和治疗的迫切性，而是更多地说明经过系统和全面的治疗后病情可以康复的光明前景，收到的效果是不是会更好一些呢？如果当时的我能在全身心关注学生成绩的工作中抽出时间，再对小敏多一点关心，而不是把全部责任推卸给家长来给自己所谓的心理安慰，事情是不是会有更好的结局呢？

但这一切都已无法挽回，这份深深的愧疚感也只能埋藏在我的心底深处，挥之不去。我只能一方面在工作中遇到类似问题时，不断提醒自己是否还有其他教育途径可走，以免相似的悲剧再次上演。另一方面真诚地为远方的小敏祈祷，希望她的小家庭可以带给她温暖，让她远离病魔的纠缠，过上幸福的生活。

两次效果迥异的谈话

"老师，我不想学美术了，我要转班。"于佳一脸疲惫地对我说。

于佳是一个月前由文科班转入我班学习美术特长的。在高中阶段，这种现象再正常不过，文化课成绩不佳的同学为了考上大学，就会学美术特长，走艺考之路。

"哦，为什么？"我很是意外。他脸上的疲态与刚来班时的踌躇满志形成了鲜明的对比。

"老师，我对美术不感兴趣了。"

不感兴趣？我觉得有点哭笑不得。

"感兴趣当然是促进学习成绩提高的重要动力。可是并不是世界上所有的事情都是因为有兴趣才去做，很多事都是不得不做的。"

我滔滔不绝地讲了起来，说起他糟糕的文化课成绩，还有学美术才能考上大学的现实。就这样口干舌燥地讲了半小时后，我问他："你觉得老师讲得有道理吗？"

于佳点头："老师，你讲得很有道理，但是我就是不想学美术了。"

完了，白说了。一种挫败感油然而生。

"那你先回去吧，好好考虑一下。"

于佳走后，我陷入了沉思：为什么谈话没有效果呢？

第二天，我碰到了于佳原来的班主任李老师，说起了此事。李老师很惊讶："原来班里的同学们都说他画画好，只要有集体活动都把画画的任务交给他。当时看他很有兴趣啊！"

听到这里，我突然想起王晓春老师曾经说过的话："遇到问题多问为什么，少问怎么办。"

对呀，为什么他原来感兴趣，现在却不感兴趣了呢？原来感兴趣，是不是因为同学们的赞扬呢？现在不感兴趣，是不是没有人赞扬他的画了呢？

想到这里，我恍然大悟。

回到学校，我又找到于佳。

"于佳，考虑得怎么样了？"

"老师，我确实是不感兴趣。我想转班。"

"你原来是不是很感兴趣？"

"对。"

"你原来感兴趣，是不是因为同学们都表扬你，说你画得好，你为此很有成就感，所以才从文科班转过来学习美术？"

于佳抬头看了我一眼，想了想，点了点头。

"老师，你说的对。"

"现在你说不感兴趣了，是不是因为你转入美术班才发现，同学们大都起步早，画得比你好，你的画相对没有那么多的优势，让你失去了那种成就感，所以想通过转回原来的班级来找回自己当时的那种被追捧的感觉？"

于佳低头想了一会儿，又抬起头，眼中充满着崇拜："老师，你真厉害，你把我心里的想法都说出来了，确实是这样的。"

很好，找到了症结所在，接下来需要对症下药。

"你的想法我可以理解，每个人都有趋利避害的天性。但是试想一下，这种挫败感就足以令你痛苦到为此放弃自己的前途吗？现在你遇到挫折选择了消极逃避，那以后的人生路上是不是一遇到挫折，一产生挫败感，就要逃避呢？如果这样下去，你将一事无成。正确的生活态度，应该是勇敢面对困难，战胜挫折。只有这样，你的人生才有意义。鲁迅先生曾说过：'真的猛士，敢于直面惨淡的人生，敢于正视淋漓的鲜血。'作为一个男子汉，我们应该勇敢地面对挫折，并通过自己的努力去战胜它，承担一份自己应当承担的责任。你说对吗？"

于佳两眼放出晶莹的光芒，激动地说："老师，你说的对！我不转班了，我会努力学好美术的，你放心吧。"

我欣慰地笑了。看着于佳远去的背影，我想起《学记》里的一句话："知其心，然后能救其失也。"

【此文发表于《山东体卫艺教育》2015 年 12 期】

手表失窃风波

"老师，我的手表不见了！"小苹气冲冲地走进了办公室。

我看着她因激动而涨红的脸，笑了笑："别着急，冷静下来，慢慢说。"

原来小苹有一块手表，据说值500多元，今天中午放学的时候小苹把手表落在教室，等到下午上学的时候找不到了。

我一边听小苹说，大脑一边在飞速运转："你确定是忘在教室了？会不会落在别的地方了？"我实在不愿意相信有人偷东西。

"我非常确定！"小苹斩钉截铁地说。

"好吧！我帮你调查一下，有了结果我再找你。"

上完课后，我刚到办公室，小苹又气冲冲地走了过来。

"老师，是小薇偷了我的手表！"

我颇感意外，小薇是班上非常安静的一个女生，平时不显山不露水的，怎么可能是她？

"你怎么知道的？"

"我在她的柜子（因为选课走班，所以每个同学有一个柜子）里发现了我的手表。"

原来，下午第一节课后，小亮告诉小苹，说下午来上学的时候发现小薇站在小苹的座位附近，当时教室里并没有别的人。于是小苹就趁人不注意时打开了小薇没上锁的柜子，结果发现了丢失的手表。

听着小苹的叙述，我的大脑一片空白。我担任班主任工作时间不长，第一次遇到这种事，实在是没有一点儿解决问题的思路。但是，我突然闪过一个念头，如果就此认定是小薇偷了东西，她的以后怎么办？她还是个十几岁的孩子啊！想到这里，我先做了一个双手下压的动作："小苹，你先冷静下来。我很理解你的心情，但是你也不能擅自开别人的柜子吧？在事情还没调查清楚之前，请你不要下结论，好吗？"

"开她的柜子是我不对，但是她偷东西就对吗？"

"不，即使从法律的层面来讲，她也只是嫌疑人，所以先不要忙着下结论。"

"不是我下不下结论的问题，同学们都看到了！"

"都有谁看到了？"

"小亮、小刚、小昆都看到了。"

"小苹，你先回去，不要声张。我再调查一下。"

小苹极不情愿地走了。我把小亮几个人分别找来，询问了相关的详细情况。经过了解，我可以确定是小薇拿走了小苹的手表，因为他们所说的细节都吻合。在他们分别回教室之前，我又一一嘱咐他们不要声张，等我调查的结果。

考虑再三，我决定找小薇谈话，看看她如何应对。

小薇的表现出乎我的意料。她居然十分激动，一再强调不知道是谁把手表放进了她的柜子里，请我一定要证明她的清白，并且强烈要求可以调教室的视频监控来还原现场。

我一时语塞，因为教室的视频监控是不能回放的。

怎么办？

突然间我想起了马卡连柯所讲述的关于列娜的故事。那个故事和我遇到的这件事何其相似！大家都确认列娜偷了东西，但是马卡连柯坚决否认。只因为如果马卡连柯不这样做的话，"她会被毁掉的"。但话又说回来，现在小薇坚决不认错，难道就这样算了？绝对不行。这样她岂不是也被毁了？马卡连柯在私底下明确指出了列娜的错误，因为这样才能教育她。对，必须让她承认错误。我决定先试探一下。

"小薇，我相信这手表绝对不是你拿的。但是老师毕竟是一名教育工作者，劝导你们求真向善是我的职责。假如是你拿的话，一定要改正这个毛病。喜欢一样东西，一定要靠自己的努力去争取，而不是走歪门邪道。你在学校犯了错，老师会给你机会让你改正，但是如果走向社会，触犯了法律，后悔可就来不及了！你说呢？”

我一边说，一边看着小薇的眼睛，观察着她的变化。她激动的神情渐渐退去，眼中充满了感激的泪水，重重地点了点头。事后想来，她一开始激动的表现应该是一种掩饰吧。

我又找到了小苹、小亮他们几个，告诉他们证据不充分，不能随意给一个人定性偷窃。反正手表已经找到了，大家毕竟都是同班同学，这件事还是从长计议吧。他们虽然极不情愿，但拗不过我的坚持，最终还是接受了。

故事到此应当结束了。直到三年后，我收到了在读大学的小薇给我发的一条短信：“谢谢老师帮我走出迷途，在我最危险的时候拯救了我。”我想，有了这句话，就已经足够。

【此文发表于《山东教育》中学版2018年7、8月合刊】

老师，你试试

我带的这一届艺术班的学生，学习习惯普遍较差，为此我想了不少办法，手把手教学习方法，面对面谈人生梦想，眼见孩子们在逐渐成长，我才慢慢放下心来。可是好景不长，又遇到新问题了。

这一天的晚自习，当我又在强调制订计划对提高学习效率起到的重要作用时，小龙小声嘟囔说："老师啊，说起来容易做起来难，不信你试试。"声音虽然不大，但我却听得清清楚楚。同学们大多也听到了，静静地看着我，似乎在等待着一场暴风雨。我愣了几秒钟，本来想发火，但还是平静下来，郑重地说："没错，学习计划实施起来很难，特别是一天天地坚持。明天我就订个计划，大家看我是如何落实完成的，好吗？"同学们兴奋起来，鼓掌叫好。

之所以敢于公开在学生面前订计划，源于学校近期正在筹备开设校本课程，我已经有了一个基本成熟的想法——编写一套《儒学智慧与中学生成长》的校本教材，利用优秀传统文化的智慧为学生的成长出谋划策。虽然有了想法，可是当想到自己要编写一套教材时，还是有些畏难情绪。现在好了，我已经向同学们做了公开承诺，已经无路可退。经过一天的认真思考，我向同学们详细介绍了我的计划。我计划编写21课的内容，分成孔子、孟子、荀子、董仲舒、朱熹、陆九渊、王守仁、王夫之8个单元，每周编写1课，21周完成，第22周进行校对，第23周交付学校印刷。接下来的日子里，我每周都会向同学们介绍我的计划的完成情况，并展示我下一步的计划。开始时，同学们更多的是新奇，但随着时间的推移，情况发生了变化，不少学生开始准备小册子，列出每天的学习计划，并根据完成情况在计划后面画对钩或叉。看到这些，我很高兴，并及时对这些同学提出了表扬。与此同时，我的计划仍然在有条不紊地实施之中。当计划最终完成，我拿着学校印刷完毕的校本教材向同学们展示时，教室里响起了雷鸣般的掌声。我用实际行动向同学们展示了我是如何制订计划并坚持实施的，这样的行动必将给同学们带来很好的示范作用，因为不少同学制订和实施计划的情况在明显好转，连当时说出"老师，你试试"的小龙也开始每天订计划了。

陶行知先生说："要想学生好学，必须先生好学。"作为和同学们朝夕相处的班主任，我们的一言一行都会对学生起到潜移默化的影响。而当学生说出"老师，你试试"这样不服气的话时，我们不妨真的"试试"，给学生树立个榜样，给教育提供一次难得的契机。

【此文发表于《德育报》2019 年 9 月刊】

拥抱高考

高考，这两个字牵动了多少人的心。作为高中教师，每一个亲身经历的高考季总会有一些难忘的故事留在心间。

一

高考前一天的晚上。

当我轻手轻脚查完学生寝室回到家时，钟表的指针已经指向了11点30分。洗漱完毕，我躺在床上，却翻来覆去无法入睡，心中不由觉得好笑：晚自习时开了班会给学生减压，想尽办法让学生休息好，没想到班主任自己却失眠了。就这样过了很长时间，半睡半醒之际，手机突然响了起来。电话接通后，听筒里传来的是小灿的哭声："老师，我完蛋了，明天高考我肯定考不好。"我询问原因，但是小灿抽泣声不断，无法正常沟通，于是我再次动身前往学校。

到了女生宿舍楼门口，看到小灿正在门口等候。经过交流得知，原来小灿由于紧张一直无法入睡，好不容易睡着了，又梦见高考，而且考卷超难，最后交了白卷，然后她就伤心地哭，直到把自己哭醒。醒后越想越害怕，于是给我打了电话。我有些哭笑不得，只好耐心地进行劝导。终于，小灿停止了抽泣，情绪也逐渐稳定下来。我看了看时间，已经凌晨两点多了，便劝她回去休息。小灿低声说："老师，我想抱抱你。"我一愣，立马明白她这时需要安全感。小灿抱着我说："老师，你觉得我能考好吗？"我拍了拍她的后背，坚定地说："孩子，放心，你肯定能考好，相信我。"

看着小灿走向宿舍楼的背影，心中不禁感慨：高考，应该会成为这个孩子走向成熟的催化剂。

二

高考第一天。

早上我起床后，给爱人和孩子准备好早餐，正准备动身去学校，电话铃响了。听筒那边传来小玲妈妈焦急的声音："老师，小玲就是不起床，说不参加高考了，劝了半天也不起作用，这可怎么办啊？"我颇感意外："为什么？"小玲妈妈不好意思地说："昨天晚上我和孩子她爸回家晚了，房间隔音效果较差，影响孩子休息了。早上我们又需要早起，所以又把孩子吵醒了。"小玲的父亲母亲都是做小生意的，早出晚归是常态，只是和高考碰到一起确实有点不合时宜。我想了想说："这样吧，你先让她多休息一会儿，过20分钟再喊她起床，也让她自己先冷静一下。"依我对小玲的理解，她无非是借这种方式发泄一下自己的不满情绪，只是在做给家长看，绝不会真的放弃高考。

等我到了学校，组织学生入场时，我电话打给小玲妈妈询问情况如何。电话那头仍然是焦急又无奈的声音："老师，还是不行啊，这可咋办？"我说："小玲妈妈，你告诉她10分钟内务必赶过来。如果不来我就过去找她。"

挂掉电话，我虽然表面镇定，但内心也是焦虑不安。随着时间一分一秒地逝去，这种焦虑感也越来越强烈。

终于，站在考场外的我看到了小玲急匆匆跑来的身影，她跑过来，哽咽着说："老师，我想抱抱你。"说完，过来一把抱住我。我内心五味杂陈，拍着她的后背，轻声说："孩子，我理解你的内心感受，可是你的父母也不容易。你是个懂事的孩子，我相信你会妥善处理此事的。"

看着小玲走向考场，我心中五味杂陈。希望下次再遇到人生大考，她能多一些淡定和包容。

三

高考最后一天。

学生高考结束，陆陆续续回到教室。

嘱咐完高考后需要注意的相关事宜，我开始了告别演说。我并不想让本已充满伤感的离别更加伤感，于是我以这样一句话结尾："青山不改，绿水长流。他年相见，我们后会有期！"

学生报以热烈的持续不断的掌声。

这时，小红走过来，对我说："老师，我要走了。"我眼眶湿润了，哽咽着说："走吧，一路珍重。"小红眼圈红了，突然提高了声调："这样走可不行！我们还没有拥抱呢！"说着，过来给了我一个大大的拥抱。接着其他学生纷纷上前，然后是一个又一个的热烈拥抱。我一直想控制的泪水终于夺眶而出……

站在学校门口，看着学生拖着行李箱，一个个挥手告别，走向远方，我想起高考前夜我对学生说的话："高考极有可能是你迄今为止经历过的一次最重要的考试，但它绝不是你整个人生中最重要的一次。高考很重要，但是这次考试不会主宰你的命运。我们身处在一个昂扬向上的时代，生活在一个活力四射的国度，只要你想，你终生都有机会让自己的人生散发出耀眼的光芒。所以，请张开双臂，用你的热情和自信，去拥抱高考，拥抱青春，拥抱美好的人生吧！孩子们，加油！"

旅行·教育·人生

那一年带高二，我特别累。分班后的文科班，几乎聚集了所有令人头疼的学生。当班主任的我正在为班级事务努力的时候，新上任的年级领导又给我平添了不少烦恼。我们之间由于治班理念分歧巨大，经常发生冲突。就在这时，长期的用眼过度使得我的眼睛极度疲劳，无法接触电脑、手机，甚至看书备课的时间都无法保证。屋漏偏逢连夜雨，长期的高负荷工作使得我的嗓子说不出话来，医生告诫我必须休息。精神和肉体的双重打击让我再也无法忍受，向学校请假后，我独自登上了去青岛的火车。

在那个寒冷的深秋，我独自坐在五四广场的长椅上，望着辽阔的大海，听着海鸥的叫声，看着浪花拍打岸边的礁石，恶劣的心情逐渐好转。在八大关，走在铺满金色落叶的幽静街道上，看着岁月悠久、散发着浓厚历史气息的建筑，我突然大彻大悟：我的这点挫折和不快，在浩瀚的大自然里，在漫漫的历史长河中，算得了什么？心态的平和才重要。有分歧，可以通过沟通来解决；身体不好，就得劳逸结合。其实这些问题，说到底还是心态问题。心态调整好了，一切都会迎刃而解。回到学校后，我调整好心态，重新投入工作当中。

从此之后，我爱上了旅行。我的旅行方式也由独自旅行变成了家庭亲子旅行。我生活的地方是一个贫困的县城，各方面与大城市相差甚远，因此我希望旅行能够给孩子的成长带来更多的东西。当年幼的儿子第一次踏上火车，第一次坐上高铁，第一次看到海底世界，第一次看到恐龙化石，第一次爬上长城……这些强烈的冲击令他兴奋不已，一个又一个问题不时从嘴里冒出来。旅行开阔了他的视野，也让他对自己所学的知识产生了强烈的共鸣。在长白山上看到天池的那一瞬，他脱口而出"远看山有色，近听水无声"；在北京的奥林匹克公园里，看到一只小狗趴在草丛里，他又脱口而出"侧坐莓苔草映身"；在高铁上，他明白了

"风驰电掣";在长城上,他懂得了"雄伟壮观";在侵华日军南京大屠杀遇难同胞纪念馆,他知道了日本军国主义的残暴……旅行丰富着他的学习和生活,使他逐渐变得开朗大方。

旅行也改变着我的学生。在班会课上,我会把所去过的城市和大学的美景展示出来,并结合自己的所见所想将大学的生活描绘得更加美好,让学生在一片赞叹声中找到自己奋斗的目标。我利用假期和周末组织游学活动,带领学生参观惠民魏集古城堡、无棣古城等周边的人文古迹。在一个县城里组织这样的活动是倍受质疑的。安全无法保障、会耽误学习的时间,都是禁止此类活动举办的理由。但是我仍然坚持要做。我认为通过这些活动,学生会真切地感受到历史,对课堂所学的知识会有更深的感悟,对未来、对人生都会有更深刻的思考。我深信,等他们毕业之后再回忆起高中时代,不仅仅只有枯燥的学习生活,应该还有这些一起远行的日子。

其实,教育人生和旅行有异曲同工之妙。旅行的魅力在于不断地制造新鲜感,让我们时刻保持一颗好奇之心。而从事教师职业,特别是班主任工作,是极容易倦怠的。又一轮高一到高三,又一届从新生入学到高考结束,又一个看起来似曾相识的问题学生,都会让我们疲倦。然而只要我们抱定了旅行的心态,用善于发现惊喜的目光不断挖掘,看似平淡的工作也会平添很多光彩。例如似曾相识的问题,我们可以尝试用不同的方法解决。虽然每一届学生的问题差不多,但是总会遇到新问题,用敏锐的眼睛去捕捉学生的点点滴滴,我们会发现很多新的教育故事。这样,新鲜感就会时时填满我们的工作和生活的空间。所以,当我们带着一颗年轻的心和一双好奇的眼睛继续我们的教育人生之路的时候,这何尝不是一场旅行呢?

【此文发表于《班主任之友》(中学版)2018年第10期】

治班锦囊

如何正确行使管教权

教师担负着教书育人的重要角色，面对的是一群未成年的学生，因此对学生的不当行为进行教育，适当的时候给予惩戒是必要的。当今社会由于一些家长和学生出现的问题，导致教师对学生问题不敢管，这确实令人痛心。行使管教权，既要符合法律法规的要求，又不至于引起家长和学生的反感，这确实是一个考验教师智慧的问题。关于这一点，我的经验是4个字：守经达权。

守经达权，是中华传统文化的处世智慧，意思是既能够坚持原则，又能够灵活变通。从管教权来说，"经"是教师的底线，简单说来，就是当学生的成长过程中出现问题时，必须指出并且帮助其改正。同时，这个过程不能触碰法律底线，也就是《中华人民共和国义务教育法》规定的"不对学生实施体罚、变相体罚或其他侮辱人格尊严的行为"。管教权使用时的"权"，则体现了教师的智慧，如何惩戒，要获得学生和家长的认可，在此基础上还应做到具体问题具体分析，根据具体情境和学生情况及时变通，如此才做到了"守经达权"。

在带新班时，我会组织学生分成学习、纪律、卫生、运动以及集体活动5个小组，讨论制订班级规章制度，里面包括奖励办法，也有惩戒措施。草案制订出来后，我参与第一轮讨论，对不符合教育规律的规章制度进行调整。比如，有的学生提出违反纪律一次罚5元钱，这样的措施明显对学生发展不利，必须否决。经过讨论，最后通过的惩戒措施主要是劳动改造（打扫卫生）、检讨反思（写检讨）和诫勉谈话（班主任个别谈话）。接下来是召开班级大会，同学们投票表决。最后，我再将最终通过的这些管教措施及时告知家长，由家长签名认可。最终管教措施得到了学生和家长的同意，实施起来自然没有障碍。这是管教权实施前的"守经达权"。

接下来的工作似乎该一帆风顺了吧，有班级规章制度可以依托，照章办事不就行了吗？非也。教师的工作是教书育人，而不是单纯的管理。因此，在进行管教的时候，我们绝不能仅仅拘泥于措施本身，更重要的是和学生交流，弄清其思想动态，才能真正解决问题。因为教育的目的是激励和引导学生的自我发展，只有让学生认识到自己的错误，并真正触及其内心，才能使学生改正错误。有的学生还需要教师进一步指导，帮助分析犯错的原因，揭示内心深处存在的问题，并制订出具体改进的措施。管教不是目的，而只是教育的手段。这是管教权实施过程中的"守经达权"。

教育的过程到这一步看似已经结束，但其实并没有结束。因为教育具有反复性和长期性的特点，即使有惩戒，有思想工作，有具体改进措施，有学生的认真反思，学生再次犯同样错误的可能性仍然很大，这就需要管教后继续跟踪观察。如果学生此后仍然频繁犯类似错误，一种可能是开始的管教和谈话并不对症，需要进一步调查并调整教育方案，直到见效；另一种可能是学生本身存在比较顽固的问题，这就需要教师持续跟进，如果学生对管教的方式产生"免疫力"，还需要教师不断更新升级自己的教育策略。同时，相应的惩戒措施实施后要及时和家长取得联系，基于冷静理性的交流可以化解家长的不满。这是管教权实施后的"守经达权"。

总而言之，管教权只是给予了教师在教育时的更多选择，要合理使用管教权仍然需要回到最核心的问题，那就是阅读、反思、实践，提高自己的教育水平，用真诚的爱心投身教育，用丰富的教育知识来应对层出不穷的教育问题。

【本文发表于《新班主任》2019 年第 8 期】

如何制订与实施学习计划

制订学习计划对高中生来说至关重要，但是计划如何制订，如何落地，如何长期贯彻，这些是比较棘手的问题。我在实践过程中结合心理学的相关理论进行了以下尝试。

分班后的第一次月考，王彩霞同学的考试成绩与分班前相比，出现了较大幅度的下滑。我找到她，跟她一起分析成绩不理想的原因和对策。说是一起分析，其实整个过程都是我问她答。我问："这次考试你的成绩不太理想，你觉得问题出在哪里？"她说："主要有两方面，一是刚分班，心有点浮躁，没有静下来努力学习；二是我的数学和物理有点跟不上节奏，自己也没有采取什么措施。"我接着问："那接下来你有什么对策呢？"她说："这次成绩不好，我觉得很丢人，所以接下来我肯定会努力的。数学、物理两科落后，我定了个小目标，每天除了弄懂老师讲的题目、完成作业外，再额外多做两道数学题和物理题。"我有点不放心，问："那你有信心完成吗？"她信心满满："老师，你放心。你就看我接下来的表现吧！"看她这么自信，我也不好多说，鼓励了她几句就结束了谈话。接下来出乎我意料的是一个月后的期中考试，王彩霞的数学、物理两科成绩居然跃居班内第一名！整体成绩在班内提升了28个名次，一跃进入前10名！经过仔细分析，她取得如此大的进步是与原来扎实的学习基础和良好的学习习惯分不开的，但是肯定也和她每天订计划并按时完成计划息息相关。由此联想到很多同学的学习现状，不少同学学习缺少规划，比较盲目，于是我决定以王彩霞同学的重大进步为契机，开展一场班级层面的"学习计划的制订与实施"活动，命名为"我的学习我做主"。这次活动我主要从以下几个步骤展开：

第一步，树立榜样。

行动：在考试后的学习经验交流会上，王彩霞作为"黑马大将军"（进步最大的同学）介绍了考试取得巨大进步的经验。她提到自己最重要的做法就是制订了切实可行的学习计划并且坚持执行。由于王彩霞平时表现优秀、考试进步很大，所以大家对她的经验也比较认可，这就为"学习计划的制订与实施"活动的开展提供了一个身边的榜样。

理论依据：美国心理学家班杜拉的"社会学习理论"认为，一个人之所以努力学习，一是了解学习与成绩之间的关系；二是对自己的能力有一个清楚的判断。也就是说，学生除了明确努力学习会取得好成绩，还要知道自己是否有能力学习好。这种对自己是否有能力完成某一行为的判断叫"自我效能感"。自我效能感的获得，很大程度上源于对身边榜样的观察。如果身边的同学通过某种方式获得了较好的成绩，得到了大家的认可，那么观察者也会向榜样学习。王彩霞同学在此就担任了榜样的作用。

第二步，教师强调。

行动：在王彩霞同学介绍完学习经验后，我做了总结性讲话，对她的进步提出表扬，并把她的成功总结成了这样一句话："成功的秘诀就一句话：每天定个小目标，并努力完成它。"接着我号召大家向王彩霞同学学习，并宣布进行"学习计划的制订与实施"活动，也就是"我的学习我做主"。活动分为"全科攻坚"和"单科提升"两类，要求同学们根据自己的实际情况自愿报名，每天定个小目标，比如多做两道数学题、早读背诵一篇英语课文等。

理论依据：美国学者麦圭尔提出的"认知吝啬者理论"认为，人在加工信息时有简单化和节省脑力的需要。而当老师在学生心目中有较高的威信时，老师的话语就会对学生产生重要影响。我对学习计划的重视会让学生更加认可这种学习方式，而把一次复杂的行动简化为一句话后，活动的精髓更容易被学生记在心中，更有利于落实到行动。

第三步，公开承诺。

行动：我在班里召开了动员会，要求制订计划的同学向大家介绍自己的计划，然后把自己的计划制成表格贴到教室的醒目位置，自己每天检查完成情况，完成后画对勾，未完成画叉，供老师查看完成情况以进行督促。

　　理论依据：心理学家曾做过一个实验，有两组大学生，第一组讨论一个关于助人的倡议书，如果同意就签上自己的名字；第二组则什么都不做。之后，跟这些学生讲述一个志愿服务的任务，希望他们放弃休息时间参加志愿活动，结果第一组，尤其是在倡议书上签过名字的人参加志愿活动的概率更高。这个研究表明，人们都希望自己言而有信，特别是承诺之后，就有义务履行自己的承诺。正如华南师范大学的迟毓凯教授所说："要想一个学生发生行为的转变，应该从承诺开始。"我让学生在动员会上介绍自己的计划并在教室的醒目位置张贴自己的计划完成情况，就是让学生公开承诺，从而形成一个良好的舆论监督氛围，有利于学生个人计划的实施。

　　第四步，适当关注。

　　行动：计划实施一周后，通过查看同学们勾画表格的情况，我发现有几个同学出现了好几天的空白。这就说明经过开始的3分钟热度后，这几个同学的惰性开始占据上风了。于是我再次在班里强调，我每天都会查看同学们的计划完成情况，也会特别关注哪些同学完成良好，哪些同学需要改进。课下我找到几个完成情况不佳的同学进行个别谈话，了解情况，并鼓励他们坚持下去。接下来的一段时间里，我继续查看计划的完成情况，令我欣慰的是，整体状况有了明显好转。

　　理论依据：当一个人感受到自己正在受关注时，就会在工作或学习中更加投入，从而表现出较高的效率，这在心理学上被称为"霍桑效应"。我每天查看同学们的计划执行情况以及和完成情况不佳的同学进行个别谈话，这都让同学们感到了老师的关注，所以效率有所提高。

　　第五步，正面强化。

　　行动：在学生执行计划的过程中，我会适时抽查同学们的执行情况，并对表现较好的同学及时表扬。为了激励学生将计划持续执行下去，在征求了同学们意见的基础上，我决定在期末考试后对计划完成较好的同学进行奖励。奖品包括大学的明信片、家长写的表扬信、"免死金牌"（享受一次犯错后免于惩罚的机会）等多种形式。这些五花八门的奖励方式激起了同学们很大的兴趣，也使得计划的执行变得更加有趣。不久后的期末考试，我班的整体成绩以绝对优势远超其他平行班，活动取得了巨大成功。

理论：美国心理学家斯金纳提出的"强化理论"认为，人为了达到某种目的会采取一定的行为，这种行为将作用于环境，当行为的结果对他有利时，这种行为就会重复出现；当行为的结果不利时，这种行为就会减弱或消失。人们可以通过这种正强化或负强化的办法来影响行为的后果，从而修正其行为。我对学生提出的表扬以及各种奖励就是正面强化的措施，而且强化物多种多样，避免了表扬形式的单一，更有利于学生积极性的提高。①

---

① 刘儒德.班主任工作中的心理效应 [M].北京：中国轻工业出版社，2012.

如何在班级管理中利用标签效应

当一个人被人们用一种词语贴上标签时，他就会做出自我印象管理，使自己的行为与所贴的标签内容相一致，这种现象是贴上标签后引起的，故被称为"标签效应"。如果标签效应被恰当地运用到班级建设中，会收到很好的效果。

学生——你在我心目中是个优秀的孩子

青春期的学生自尊心强，敏感脆弱，如果在他们犯错时一味批评指责，往往容易引起反感，使教育的效果大打折扣。但是，这时如果给他贴一张"优秀"的标签，可能会收到意想不到的效果。小明同学成绩差，学习习惯差，多次违反班级纪律，这时就需反其道而行之，用一张优秀的标签让他主动向优秀看齐。在和小明谈话时，我多次强调："小明，你在老师心目中是个优秀的孩子，但是你最近的表现与老师对你的期待相去甚远。希望你认真改正自己的错误，找回老师心目中那个优秀的小明，好吗？"事后，小明在周记中写道："我真没想到在老师心目中我是个优秀的孩子，想想很惭愧，我一定会努力成为一个优秀的学生！"通过这样一张"优秀"的标签，唤醒学生进行自我教育，会让教育更加顺畅，效果也更好。

任课老师——学生都很崇拜你

班级建设离不开任课老师的参与，他们同样担负着教育学生的任务。班主任如果能更好地发挥任课老师的作用，在班级建设中会收到事半功倍的效果。在和任课老师的接触中，我都会提到类似的话："刘老师，听学生说，他们特别喜欢上你的数学课，听你讲题条理特别清晰，听得心里特别亮堂。""王老师，学生们很喜欢你，说你站在讲台上讲物理题的时候光芒万丈，是很多学生的男神啊。""赵老师，学生很崇拜你，他们说你的英语说得特别地道，比听力光盘上的声音都好听。"……任课老师听到这样的赞美之词，内心肯定高兴，上课时带着这样的标签走进教室，课堂效果自然不错。

班主任——我是教育家

作为班主任，如果你给自己贴的标签是一名"普通的班主任"，把自己的工作看成只是完成上级交代的任务，而没有系统的职业规划，职业倦怠很快就会找上门来。所以我们一定要给自己贴上这样一张标签——"我是教育家"。因为我是教育家，所以在班主任工作中就会多一点儿自我学习，少一点儿随波逐流；因为我是教育家，所以在工作中会少一些牢骚和埋怨，多一些平和与笃定；因为我是教育家，所以面对学生的顽劣和调皮，我会平静思考，透过教育现象找寻到教育契机；因为我是教育家，在面对不利的教育环境时，我会坚持初心，我愿意用顽强和坚守诠释一名教育家的梦想……这样的标签，会使班主任的工作充满乐趣，也让自己不断成长。

"标签"如此神奇，你不想试一下吗？

如何纠正学生的不良习惯

学生的不良习惯如不及时纠正，就会变成陋习。那应如何纠正学生的不良习惯呢？我以为应从以下几方面入手：

第一，正确归因。

王晓春老师说过："遇事多问些为什么，少问些怎么办。"找到了不良习惯形成的原因，就能够有的放矢，针对性地解决问题。例如，小明同学缺乏礼貌，不懂如何与长辈交流，原因在于父母常年在外打工，爷爷奶奶溺爱，这就需要老师和家长沟通，并对孩子提出明确要求；小岗同学做事3分钟热度，缺乏克服困难的韧劲，原因在于自制力差，这就需要老师给予目标的引领和外力的督促，并不断激励；小亮同学办事拖拉，自理能力差，原因在于父母从小的溺爱，这就需要老师讲清危害，并制定目标循序渐进……

第二，活动引领。

我在班内开展了一系列主题活动进行良好行为习惯的培养。例如，为了促进学生形成自我反省的习惯，开展了"致良知"每日反省活动，以王阳明的"致良知"为思想武器，让同学们反省一天的收获，给自己打分，以此唤醒同学们心中的正能量；为了培养学生自我管理的能力，开展了"战胜自己"挑战行动，给自己写挑战书，完成目标后给予奖励；为了培养学生的感恩之心，在每年的11月开展"感恩月"活动，包括感恩父母演讲、给老师的一封信、了解父母的一天、家庭开支调查表等活动。通过这些主题活动，形成良好的整体氛围，给学生以潜移默化的影响。

第三，表达期望。

我在纠正学生出现的问题时，通常会告诉他们我对他们的期望值。例如，有的同学自制力差，我在跟他谈话时就会说："在我的心里你是一个能管得住自己的孩子。"以此给学生积极的心理暗示，唤醒他心中的力量，来解决自己存在的问题。

第四，适当惩罚。

马卡连柯指出："合理的惩罚制度不仅是合法的，也是必要的。"惩罚，是对学生不良行为的一种强制性纠正。那什么是适当的惩罚呢？首先，惩罚要遵守法律法规。其次，惩罚时要体现对学生的尊重。只有以尊重学生为前提的惩罚，才能取得良好的教育效果。可以在惩罚前和学生做好约定，以学生能够接受的方式进行惩罚。最后，惩罚要注意追踪反馈。惩罚的目的是使学生能够更好地发展，因此，针对学生接受惩罚后的进步要及时提出表扬和激励，以此强化学生取得的成绩。

如何增强班级的凝聚力

学生有信仰，班级才有力量，才会让班级高效运转。这里说的信仰，并不是哪个宗教，而是让正能量成为学生心中笃信不疑的追求。那如何树立学生的信仰呢？

首先，班主任有信仰。

我是一名历史老师，在接手新班的时候，我都会给学生讲述明代大儒王阳明的传奇故事，核心就是"致良知"，也就是做事以良知为准则，良知认为对的去做，良知认为错的不做。什么是良知？其实就是正能量。

怎样给学生传递正能量呢？给学生讲述我以专科为起点经过拼搏考上研究生的经历，告诉他们越努力，越幸运；及时分享我工作中遇到的点滴成就，让同学们知道班主任在和他们一起努力；给班上的每个同学举办生日晚会，使他们感受到班级的温暖；认真对待学校组织的每一次比赛，给班级设定一个共同的目标，并提出明确的分工，同学们就能体会到为目标拼搏的快乐……班主任的正能量会给学生带来积极的影响，有利于良好班风的形成，提高班级管理的效率。

其次，班级有制度。

在制定班级规章制度时，一定要和学生平等协商，最后以投票表决的方式通过，获得绝大多数同学的认可。学生的一些想法是不成熟的，这就需要班主任的引导，但绝不是强制。同学们对自己制定的班规更有认同感，更容易遵守。如在创建学校"优秀班集体"的活动时，同学们以小组为单位，研究制定本组的目标，并且自己提出完不成目标的惩罚措施和完成目标的奖励措施。事实证明效果很好。

再次，集体有活动。

学生正确的价值观并不是靠班主任的说教就能树立的，必须经过一系列的集体活动强化。例如，班内开展了"致良知"每日反省活动，以此唤醒同学们心中的正能量。

最后，学生做主人。

当班主任大包大揽、事必躬亲的时候，学生总处于被动状态，对班级事务就没那么关心；而当班主任放手将班级事务交给学生后，学生就处于主动地位，对班级特别关心，做事也有成就感，有利于班级的良性发展。例如魏书生老师经常外出，但是他的学生自我管理得相当出色。学生做班级的主人，把班级当成自己的家，就对班级有认同感。试想，谁会拿自己的事不当事呢？

魏书生老师说过："只有走进孩子心灵世界的教育，才能引发孩子心灵深处的共鸣。"确立了学生内心对正能量的向往，必然会提高班级管理的效率，会达到事半功倍的效果。

【此文发表于《德育报》2018年1月1日刊】

如何批评学生

学生在成长过程中避免不了犯错，这就需要老师进行批评教育。那如何批评才更容易被学生接受呢？

第一，教师批评学生前要做到心平气和。

有的教师看到学生犯错就生气，对学生的批评就很容易变成劈头盖脸的怒骂。这样的批评不会引发学生任何情感的共鸣，只会给学生带来反感。这就需要教师调整好心态。教师必须明确一点，学生犯错是正常的，不犯错才是不正常的。批评时可以用严厉的语气，但是必须是以指出学生的错误和纠正错误为目的，如果只是为了发泄自己的情绪，那就失败了。只有抱有一种平和的心态，批评时才能够更加理性地组织语言，深入学生的心灵，达到教育的目的。

第二，批评学生时要表扬在先，期望在后。

心理学上有种现象叫作"肥皂水效应"，那就是将批评的话夹在前后肯定的话语之中更易被人接受。批评学生也是如此。教育具有反复性和长期性的特点，面对屡屡犯错的学生，批评时需要先扬后抑。首先表扬犯错的学生自上次批评后进步很大，老师看到很欣慰。这样的表扬会让犯错的学生意识到他在老师心目中的形象是良好的。然后指出他犯的错误，学生就会意识到犯的错误已经影响到自己在老师心目中的良好形象，也乐意接受老师的批评并改正错误。在批评结束后，对学生提出期望，指出老师希望你成为一个什么样的学生。学生就会更加感激老师，也避免了由于屡屡挨批对老师产生怨恨和对立的情绪。

第三，批评时要注意对事不对人。

批评学生时要明确指出学生所犯错误的危害，并帮助学生一起想办法改正错误。这样学生就知道老师为什么批评自己，是因为这么做对个人、对班集体有危害，老师是出于爱护学生的立场出发才批评的。有的同学知道犯了错误，但是不知道如何改正。这就需要老师站在学生的立场上出主意，制订改正错误的方案，帮助学生改正错误。批评时切忌用伤害和侮辱人格的语言，只有让学生明确"老师的批评只是针对你犯的错，并不是否定你的人，老师希望你成为一个更加完善的人"这样的道理，学生才更容易接受批评，改正错误。

批评是指出学生存在的问题和错误，必然会给学生带来不适感。而上述的措施正是给批评的"炮弹"裹上"糖衣"，效果更好。

如何破解学生课堂发言不积极的困局

高中生课堂发言不积极，原因有三方面：

第一，不敢说。有的学生性格内向，存在自卑心理，害怕说错话挨老师批评，遭同学嘲笑，所以宁愿选择沉默。

第二，不会说。有的学生表达能力差，特别是在语言类的学科方面，表现为自己心里明白，但是不知道如何表述。

第三，不屑说。有的学生成绩优秀，但在课堂上不发言，因为他们觉得这样太幼稚，问题太简单，所以采取不屑一顾的态度。

针对上述问题，教师应从以下几方面入手：

第一，进行情感激励。针对自卑的学生，教师要进行个别谈话，积极挖掘学生身上的亮点，引导学生正确评价自己，并通过积极的心理暗示和把大目标划分为小目标等方式来鼓舞学生的信心。例如，学生小杰有严重的自卑心理，成绩较差，有的学科只能考20多分。我找到小杰后，不断激励他，并把课堂上需要回答的问题提前让他预习，鼓励他上课发言。就这样，小杰的表现越来越好，上课能够大胆发言了。

第二，创设集体氛围。教育家马卡连柯倡导平行教育影响的原则，就是以集体为教育对象，通过集体来教育个人。学生不发言，很大程度上是因为班级没有形成积极发言的整体氛围。在大家都保持沉默的时候，即使有同学想发言，也不愿说。因此，教师要努力营造积极、活泼的集体氛围。可以将学生分成若干学习小组，规定积极发言者给小组加分，由值日班长负责记录。这样各小组之间形成了竞争氛围，更有利于学生的积极发言。在这种集体的影响之下，不屑说的同学就会被调动起积极性，并通过小组加分培养集体荣誉感。

第三，通过活动引领。针对不会说的学生，教师可以通过各种各样的班级活动提高学生口头表达的能力。例如，班级内可组织美文背诵活动，让学生通过背诵进行语言的积累；可以组织"百家讲坛"活动，在登上讲坛之前学生做好充分的准备，既增加了当众演说的勇气，又提高了语言表达的能力。长此以往，不会说的局面必然会得到较大的改善。

怎样构建良好的师生关系

"亲其师，信其道"，构建良好师生关系是进行有效教育的前提和基础。我在教育工作的实践中，发现心理学的知识对和谐师生关系的建立具有很强的指导意义，在此与大家共享。

印象效应。人与人第一次交往中给人留下的印象，在对方的头脑中形成并占据主导地位，这种情况被称为"第一印象效应"。因此，教师和学生初次见面时应注重自己的衣着、外貌和言语。教师应力求给学生留下这样的印象：朴素、大方、不卑不亢，既有师长的严肃，又有朋友的友善。当良好的第一印象在学生的头脑里建立后，师生关系就有了一个好的开端。

晕轮效应。当认知者对一个人的某种特征形成好的或坏的印象后，他还倾向于据此推论该人其他方面的特征，这种情况被称为"晕轮效应"。所以教师可以适时介绍自己取得的荣誉和成绩，"优秀教师"称号、先进个人或是优质课的奖项，教过的学生考入了哪些名校，都可以让学生感受到老师的优秀。当老师在学生的心中烙上了"优秀教师"的烙印后，教育工作的开展自然会顺利许多。

睡眠效应。一个人心情不好时往往会听到这样的劝解——"回家睡一觉，明天就没事了"。第二天早上醒来时，你会发现心情真的好多了。心理学家把人们的情绪或者是外界传播的信息随着时间的推移而转弱的现象称为"睡眠效应"。教师特别是班主任面对纷繁复杂的班级事务，难免会有心情烦躁的时候，如果此时处理问题难免会有失误，所以当事情不太紧急时不妨冷处理，心情好转后再处理会收到更好的效果。

肥皂水效应。在赞美中夹杂批评，就像涂抹肥皂水后刮胡子一样，在减轻对别人伤害的同时，也能有效地激励和鼓舞别人。心理学上将这种现象称为"肥皂水效应"。教师对学生的错误提出批评时，不妨涂一点"肥皂水"，这样会使学生更容易接受和改正。例如，有个学生经常迟到，教师就可以这样说："你热爱学习，尊敬老师，愿意为班集体做贡献，在老师心目中是一个优秀的孩子。如果你能做到按时上学，不迟到，那就更完美了。"这样的批评以赞美开始，会让学生产生愉悦的心情，再用委婉的语言指出错误，就会变成一种激励。这样涂上"肥皂水"的谈话效果要远远好过空洞的说教。

踢猫效应。坏情绪是一种杀伤力非常强的负能量。当他人把负能量传递给你时，这种能量不会消失，只会由你吸收或者传递给另外的人。心理学上把这种情绪沿着等级和强弱组成的社会关系链条依次传递的现象称为"踢猫效应"。例如，班级出现违纪现象被校长发现，如果校长此时恰好情绪不佳，他可能会对年级主任发脾气。年级主任把这种坏情绪传给班主任，委屈的班主任只能带着坏情绪训斥违纪的学生。这种坏情绪的连续传递将导致学生成为坏情绪的最终接受者。接收了坏情绪的学生没有猫可踢，有可能把这种坏情绪直接反弹回班主任身上或者向其他同学发泄。如此，教育将彻底失败。因此，教师在处理班级问题时应杜绝踢猫效应，应注重对学生的教育而不是转移自己的坏情绪。

共情。能够设身处地体验他人的处境，对他人的情绪情感具备感受力和理解力，在心理学上被称为"共情"。通俗地讲，就是站在对方的立场上考虑问题。教育离不开共情。教师在教育的过程中，如果少一点儿自以为是和想当然，静下心来站在学生的角度去思考问题，我们将会更加接近教育的真谛。李镇西老师说："教育工作者所特有的师爱，首先应是理解学生的精神世界，学会用他们的思想情感投入生活，和学生一起忧伤、欣喜、激动、沉思。"这就是共情。共情会让师生关系更加融洽，让学生感受到师爱，更好地达到教育的效果。

苏霍姆林斯基指出："教育者只有在自己整个的教育生涯中不断地研究学生的心理，加深自己的心理学知识，他才能够成为教育工作的真正能手。"[1]当我们真正用"心"投入教育工作中时，会不断收获惊喜。

---

[1] 苏霍姆林斯基.给教师的建议[M].杜殿坤，编译.北京：教育科学出版社，1984.

表扬学生应注意什么

清代教育家颜元说："数子十过，不如奖子一长。"表扬在教育中的作用由此可见一斑。表扬很重要，但要注意技巧。我认为在表扬学生时应当注意四"忌"。

忌随意。某日，教室被打扫得很干净，班主任随口表扬了当天的值日小组。接下来的几天，其他值日小组也努力把教室打扫干净，想要得到老师的表扬。然而老师却没有再表扬其他小组。这样，教室干净了几天后，又恢复了原来的脏乱。这次表扬的问题就出在"随意"。教室卫生应当靠班主任和同学们共同制定的奖惩规则维系，而不是随意的表扬。例如，可以每天上课前由卫生督察小组根据评分细则打出分数，然后每周评选出优秀值日小组，每月再评一次月优秀小组，并进行奖励。班主任可以在公布评优结果的时候制定出相应的颁奖词，以这种方式对优秀小组进行表扬。这样的表扬方式有章可循，有规可依，既能够引起同学们的共鸣，也更有长效性，远胜随意的表扬。

忌过分。期中考试结束了，成绩一直不理想的小明取得了进步，比上次进步了10个年级名次，位于年级800多名。班主任老师为了激励他，对其大加赞扬："老师知道你是一个聪明的孩子，继续努力，在期末考试中你一定能够考进年级前200名！"这样的表扬，不仅其他同学不认可，小明自己也觉得脸上发烫，因为老师的表扬太过分了。孔子曰："过犹不及。"所以，我们不妨这样说："小明同学经过前段时间的努力，在这次的考试中有了较大的进步，值得表扬。如果你一直保持这种努力的劲头，相信你一定会取得更大的进步！加油！"这样的表扬基于事实，恰如其分，能够起到更好的激励作用。

忌偏袒。小刚在课余时间帮助别的小组打扫卫生，班主任对其大加赞扬。而小强也做了同样的事，班主任却没有表扬。究其原因，小刚平时学习成绩优异，讨老师喜欢；小强成绩差，经常犯错误，老师对其没有好感。这种带有偏袒性的表扬失去了最基本的教育意义，沦为教师个人情绪表达的工具，是极其有害的。

忌宽泛。我们经常听到这样的表扬，"你很聪明""你是个好孩子""你很不错"等，殊不知如此宽泛的表扬只会害了孩子。斯坦福大学心理学家德韦克经过研究发现：经常表扬孩子聪明，会让他们"自我毁灭"。因为这些孩子会认为自己过去取得的成就源于自己的聪明而不是努力，所以当遇到困难时，他们倾向于放弃。放弃就不会失败，而"聪明"的标签还在。所以老师表扬时应当具体，指出赞赏的是哪些优点。例如，"小红每天下午都在认真跑步为运动会的3000米长跑做准备，她这种认真的态度和拼搏的精神令我钦佩！""小芳在解答这道题时的思路很巧妙，究其原因，在于她对基础知识的掌握很扎实。她这种认真学习的态度和脚踏实地的精神值得表扬！"这样的表扬更具体，也让其他同学看到了努力的方向。

总之，在以后的教育工作中，我们要用心揣摩，用好"表扬"，才能收到良好的教育效果。

怎样引导学生写一手好字

激发内在动机。"学会学习"是中学生发展的基本核心素养之一。指导学生写好字，是培养"学会学习"这一素养的重要途径。而"能正确认识和理解学习的价值，具有积极的学习态度和浓厚的学习兴趣"的目标是对"学会学习"的细化。为实现这一目标，就要让学生明确写好字的益处，激发学生的内在动机。中国人民大学胡长白教授提出，要想激发别人做某件事需要从3个关键词入手：最高主题、最低主题和中间主题。我们可以从中汲取教育灵感。

最高主题，也就是最崇高的价值。写好字的最高主题，在于弘扬中华优秀传统文化。中华文明是世界上唯一没有中断过的文明，其中汉字起到的作用功不可没。从甲骨文到现代汉字，虽历经变迁，但汉字始终保持着旺盛的生命力，散发着迷人的魅力。因此，从最高主题上说，把字写好是一个自豪的中国人文化自信的体现。

最低主题，也就是最本真的情感。写好字的最低主题，在于人对美的欣赏。汉字作为象形文字，具有天然的美感，当我们看到自己写出的漂亮汉字，会收获精神上的满足，给自己带来美的享受。因此，从最低主题上讲，写好字能让我们精神愉悦。

中间主题，也就是满足人的利益诉求。写得一手好字，可以给别人留下一个好印象。如古语所云："字如其人。"不管是现在的学生时代还是以后走向工作岗位，写好字带来的好处都是显而易见的。

有了这三大主题，学生能够正确认识和理解写好字的价值，就能够激发学习动机，有利于学习的进行。

适时方法指导。教师应当发挥引导作用，在练习写字的过程中对学生进行以下指导：

　　指导学生观察。让学生仔细观察正确的拿笔姿势和坐姿，以及优秀书法中汉字的笔画、整体结构的分布，从而使学生对"写好字"有一个直观的印象。

　　指导学生临摹。选择一本合适的字帖，指导学生循序渐进练习，从笔画开始临摹，再到偏旁，当这些基本的元素都到位时，再练习书写单个汉字。练习过程中注意鼓励学生持之以恒，并及时激励。

　　指导学生反思。反思是学生学会学习的必由之路，指导学生根据自己的练习成果不断进行审视和总结，从而能够根据情况选择和调整自己的练习方法。

　　比赛活动强化。定期举办一些活动，如书法比赛、墙报优秀书法作品展、每周"书法之星"等，以此激励学生，创造写好字的良好氛围。

怎样引领学生度过一个有意义的暑假

漫长的暑假对于班主任来说是一个绝佳的教育机会，因为有充裕的时间可以组织学生活动。当然，在组织活动的时候必须紧紧围绕一个中心，那就是培育学生的核心素养，以达到立德树人的目的。针对班级实际情况，我组织了以下活动：

防溺水。据统计，我国每年因溺水意外死亡的人数仅次于交通事故，其中未成年人溺水的事件最为多见。暑假期间，家长仍需要正常上班，学生的防溺水问题就显得尤为重要。在班级召开的防溺水班会基础上，同学们在暑假期间需完成以下任务：写好防溺水调查报告、参与社区广场防溺水主题晚会和在微信群里进行防溺水自创格言大赛。通过这些活动，学生由防溺水知识的被动接受者变为主动宣讲者，安全意识大大提高，从而达到了防溺水教育的目的，有利于"珍爱生命"这一核心素养的形成。

研学行。"读万卷书，行万里路"，师生经讨论决定，利用假期进行一次研学旅行。我们这次研学旅行的目的地是南京，制定了以下课题：六朝建筑文化、太平天国服饰文化、明城墙的历史沿革和驻南京高校特色与发展前景。同学们分组到相应的博物馆和高校搜集相关资料，然后小组合作写一份课题报告。在学习中旅行，学习变得多姿多彩；在旅行中学习，旅行变得更加厚重。同学们在旅行中磨炼了自己，增长了见识，开阔了视野，在以后的学习和生活中必然受益匪浅。通过研学旅行，"国家认同"和"学会学习"这两种核心素养必然得到强化。

补短板。利用暑假补齐学生在学习方面的短板，为新学期打下坚实的基础，是一个不错的选择。放假前根据学生的情况成立学习小组，制订互帮互助学习计划，由小组成员轮流主讲，再由小组长定期汇总向老师汇报情况。在这种模式下，同学们既能够学到知识，又有利于自主学习素养的培养，何乐不为？

勤实践。参加社会实践是高中的必修内容，也是培养学生核心素养的必要环节。放假前结合当地的实际状况和学生的家庭背景，我准备了以下活动：参观农业生态园和环能科技公司活动，敬老活动。通过这些活动，学生一方面加深了对书本上所学知识的理解，另一方面培养了实践创新、社会责任等核心素养。

陶行知先生说："生活即教育。"教育的舞台非常广阔，只要用心，假期一样可以成为班主任施展教育才干的舞台。

如何培养学生形成良好的行为习惯

得知要接手艺术班的消息，我心中很是惴惴不安。在我们这样的农村高中，艺术班几乎聚集了所有考大学无望的"学困生"，其行为习惯普遍较差。纠正他们不良的行为习惯，这是我担任班主任必须面对的问题。经过一段时间的摸索，我决定以心理学为武器，循序渐进地展开工作。

互悦机制——我喜欢你们

人际交往中有这样一个心理学规律：喜爱引起喜爱。一般来说，决定一个人是否喜欢另一个人的主导因素，是另一个人是否喜欢他，这被称为"互悦机制"。

班内的这些艺术生分班前都是让老师最头疼的一批学生，他们学习成绩差、经常违反纪律，表现不佳的他们很难得到老师的喜爱。与此相对应的就是，他们不喜欢老师，甚至喜欢与老师作对。在这样的师生关系下，教育工作将无从开展。我决定主动出击，表达我对学生的喜爱，为以后的工作打下基础。在开学的第一次班会上，我先做了自我介绍，充满真情地跟同学们讲述了自己那些青春的记忆和成长的故事，首先让学生感到老师拿自己当朋友。在接下来的军训活动中，我精心做好后勤工作，如联系送水、校服、食堂饭菜等，让寄宿的他们感受到老师是他们的坚强后盾。在军训会操比赛的准备过程中，我和同学们一起出谋划策，全力以赴，让他们感受到班主任在和他们并肩战斗。军训会操比赛结束后的班会上我努力挖掘同学们的亮点给予表扬，并且在最后深情地对同学们说："孩子们，我为担任你们的班主任而骄傲，我爱你们！"这些话说完后，我先是看到了同学们惊讶的目光，然后是孩子们雷鸣般的掌声和不断的回应"老师，我们也爱你！"于是，开学之初学生就感受到了我对他们的尊重、关心和喜爱，这样他们必然也会以尊重、关心和喜爱来回报。当互悦机制朝着正确的方向良性发展后，教育工作的开展就有了一个良好的开端。

摆脱习得性无助——你很优秀

人在多次遭遇挫折后，会产生无能为力的感觉，倾向于自暴自弃，放弃努力，这在心理学上被称为"习得性无助"。长期以来的学习受挫，使得艺术班的这些学生认为自己已经无药可救，自然就把注意力放到与学习无关的事情上，形成了不好的行为习惯。因此，要让学生养成良好的行为习惯，就需要努力挖掘学生身上的亮点，让他们重新树立自信，逐渐摆脱习得性无助。

一次考试后，我找到小龙谈话，分析他考试成绩不理想的原因。小龙一脸无所谓地说："老师，我就是脑子笨，我已经习惯了。"我严肃地说："谁说你笨？我认为你很优秀！看看试卷上的这道题目，咱们班只有你能做对。不要说这只是一道小题，这说明一个问题，那就是你绝对不笨！你从现在开始必须改变这种错误的想法，认真学习，努力上进，我相信你一定会成为一个优秀的学生！"在进行多次类似的谈话后，小龙逐渐改变了自己的想法，也开始改正那些不好的行为习惯，向好的方向转变。

狄德罗效应——在我的心目中你是一个优秀的孩子

有一次，法国著名哲学家狄德罗把家里所有的旧东西都更换了，只是为了要和他刚拥有的一件高雅的睡袍配套。这种人们在拥有了一件新物品后，不断配置与其相适应的物品，以期达到心理平衡的现象，被称为"狄德罗效应"，又叫作"配套效应"。在教育工作中，我们可以给学生提供一件有价值的"睡袍"，然后让学生以此为契机引发一系列良好的转变。

小红在宿舍休息期间违反纪律与他人交谈，既影响了自己和别人休息，又给班级扣了分。我在与她谈话的时候是这样说的："在老师的心目中，你是一个学习认真，能够遵守纪律的优秀学生。所以，我认为你这次犯错一定是个偶然事件。老师相信，你一定会好好表现的，对吗？"通过这样的谈话，我给小红贴上了一个"优秀"标签，由此她会这样想：老师都认为我是优秀的，那我肯定是优秀的。我是个好学生，肯定能遵守纪律，好好学习。于是，为了与这种想法配套，学生会努力扮演好自己这个"优秀"的角色。事实证明，这样的效果很好，小红此后的情况大大好转。

霍桑效应——说出你的想法

当一个人感受到正在受关注时，就会真正投入到工作或学习中，从而表现出较高的效率，这被称为"霍桑效应"。学生行为习惯的养成是一个长期的过程，如何在这个过程中确保教育的有效性和连续性，是一个重要的课题。我在这个过程中运用了霍桑效应，收到了不错的效果。

我定期召开"致良知"座谈会，以王阳明先生的"致良知"为武器，引导学生从自己的"良知"出发，畅所欲言，一方面剖析自己的问题，另一方面指出其他同学需要改进的地方，以及对班级建设的建议，最后由班主任针对这些问题给出指导意见，并及时调整工作思路。这样的座谈会为学生提供了一个表达真实想法的平台，通过合理的渠道，释放了学生的压力。老师在座谈会期间表现为一个耐心的倾听者，通过倾听学生的见解来分析学生存在的问题，既能培养学生的行为习惯，又对良好和谐班风的形成起到了积极的作用。

学生行为习惯的养成，非一朝一夕之功。当我们运用心理学的知识，循序渐进地投入习惯养成的教育工作中，一定能收到不错的效果。

开学初如何给学生收心

"收心教育"是开学初班主任工作迫切需要解决的问题。漫长的假期带来的不仅是学生的放松和休息，还有无休止使用电子产品的后遗症，包括上课注意力不集中、打瞌睡、对学习的敷衍等。为了让学生尽快收心，我准备了"收心教育三部曲"，收到了不错的效果。

放假前——未雨绸缪

学生在开学初需要收心，很大程度上是因为暑假缺乏规划，或是有规划但缺少监督，使得相当一部分学生较长时间沉浸在电视节目和网络游戏中，导致开学后学习效率很低。因此，引导学生度过一个充实而有意义的暑假，将最大限度减少学生从假期到开学初的不适应状况。要做到这一点，就需要在放假前召开一次班会和家长会。把假期的安排和要求告知家长和学生，并征得他们的理解和配合。比如，发放《中学生如何正确使用电子产品倡议书》《"挑战自我——做电子产品的主人而不是奴隶"每日反省单》《假期研学旅行报告书》等，以此引导和规范学生正确支配假期时间，并做到家校合作，提高学生假期的学习效率和生活质量。

开学前——循序渐进

开学前一周，老师开始联系家长了解学生假期的成长情况，并建议家长和学生做到以下几点：（1）家长需要以身作则，注意每天的作息时间，给孩子创造一个安静的环境；（2）不要再进行长途旅行，尽快调整作息时间，逐步与学校的作息时间同步；（3）每天按时完成假期作业，逐步由假期模式向学习模式转变。通过这几点建议，可以促使学生最大限度缩短假期与开学的心理距离，有利于学生收心。

此外，更重要的一点是，老师要先收心。老师也经历了一个较长的假期，在开学前一周也应当做到与学生同步的措施，如调整作息时间、做好新学期的工作计划、到办公室整理一下书籍、提前备好课等。如此，教师收好心，将对学生起到榜样示范作用。

开学后——班会收心

开学第一天召开一节收心班会。班会包括三项内容：首先，师生畅谈在假期做过的有意义的事情；其次，把这些有意义的事情写到一张纸上，然后丢进垃圾桶里；最后，由老师写出新学期寄语，学生写出新学期学习计划，然后大家把教师寄语和学习计划贴到班级文化墙上。

召开收心班会，意在向学生传递这样的信息：第一，通过师生畅谈的方式与大家分享假期的快乐，使假期的轻松心情得到释放；第二，通过把记录有"假期心情"的纸扔进垃圾桶的方式，明确假期已经结束的事实，不要再沉浸在假期模式了；第三，通过制订学习计划，让学生明确感知已经进入新学期，接下来的任务就是努力学习，迎接新的挑战。这样的班会形式，可以在学生的内心留下深刻的印象和明确的暗示，为"收心教育三部曲"画上一个圆满的句号。

如何实现民主治班

得知要担任班主任后，忐忑的我试图从书中学习一些前辈的经验。在翻阅几本班主任著作后，我发现"民主"的出镜率很高，让学生成为班级主人，不仅促进了班级的高效运转，还锻炼了学生的自主管理能力。这样的好东西，为什么不能拿来为我所用呢？

于是，在正式上任后，我便把我心中的民主模式付诸实践：班委由学生投票选举产生、班规由班委讨论制定、学生选出纪律执行委员检查督促……看到学生们热火朝天地忙活着，我不由窃喜：班主任工作原来这么轻松吗？

可惜好景不长，没几天，各种问题接踵而至。先是任课老师接连向我告状，说上课的纪律问题急需整顿；几个同学找我诉苦，谈到班级的自习课乱成一锅粥；年级主任找我谈话，提到班级教室和宿舍的量化考核成绩年级垫底。我很沮丧，又很困惑，难道民主在我这里水土不服？

我又拿出李镇西老师的《做最好的班主任》仔细阅读。在阅读中，我发现李镇西老师的民主管理模式远比我想象的要系统得多。比如，他在班级建设之初会采取措施先构建良好的师生关系，然后组织培养学生主人翁意识和集体荣誉感的集体活动，还有在选举班委前后以及民主运行过程中及时和巧妙地引导。而这些，我都没有。我把班级的民主管理误读成了放任自流，这样的想法完全抛弃了班主任的责任，如果真正的班级民主是我想的这样，那教育就不需要教师的存在了。想到这里，我不禁汗颜。问题找到了，接下来就是如何应对了。

问题有高效的解决办法，那就是我作为班主任强力回归，宣布由于先前的民主举措不理想，所以收回学生的权力，由班主任重新接手班级的管理、班级活动的组织和班规的执行监督。这样做应该是会立竿见影的，因为班主任一个人说了算，会少了很多程序，当然效率会很高。可是如果这样，我就背离了教育的初衷，就从一个教育者退化成了单纯的管理者。我不能因噎废食，班级民主的道路还要走，要回到正确的道路上，发挥一个教育者应当起到的作用。

痛定思痛，接下来我采取了以下措施：（1）谈期望。我花了一节课的时间向学生讲述了我的学生时代。通过分享这些故事，我努力向学生传递了这样的信息——我是一个优秀的老师，我愿意和大家一起把我们的班级变成一个优秀的大家庭。（2）明责任。召开了一个主题为"我心中的优秀班集体"的班会，请学生说出自己心中的优秀班集体是什么样子的。在学生畅所欲言后，我指出班集体是50名学生组成的，我们每个人都是班集体的有机组成部分。由此引导学生树立班级主人翁意识，使学生认识到自己的一言一行和整个班级荣辱与共。（3）真反思。我把前段时间班级的糟糕状况和盘托出，并进行了自我批评。在我的感召下，学生也结合自己的表现纷纷做了自我批评。然后，就上述问题的对策请学生出谋划策，最后大家表决通过，并签上名字表达一份沉甸甸的承诺。（4）勤跟进。我吸取了前段时间的教训，接下来的日子里及时跟进，并就出现的问题对学生进行适时的引导。教育绝不是靠一两次班会就能一劳永逸的，而是一个长期和反复的过程。

在这一套组合拳打下来后，班级的整体氛围逐渐好转，纪律、卫生的各项评比也有了较大的进步。经历了班主任生涯之初的这次民主治班风波，我感慨良多。其中我最想说的就是，民主治班，更需要班主任"在场"。只有前期班主任充分"在场"，才能实现后期班主任的"不在场"，进而实现真正的"以学生为本"的班级管理，最终实现民主治班的目的。

怎样寻找班主任工作的幸福感

班主任的日常工作烦琐，还要背负巨大的压力，这极易导致班主任心力交瘁，职业幸福感缺失。如果这种状况长期得不到解决，班主任的心理健康会出现问题，甚至导致职业倦怠。因此，激发班主任的职业幸福感至关重要。要解决这一问题，我们可以从心理学中去寻求答案。美国心理学家塞利格曼曾经提出一项著名的幸福公式：幸福感=50%遗传+10%境况+40%想法。遗传和境况我们无法改变，但是我们可以改变自己的想法。我认为可以从以下3个方面入手：

一、培养积极心态

美国心理学家埃尔伯特·艾里斯提出了"情绪ABC理论"：A（Activating events）代表事件，B（Believes）代表对事件的"信念"，也就是对该事件的想法和评价，C（Consequences）代表事件发生后，人的情绪和行为结果。情绪ABC理论认为，事件只是引起情绪的间接原因，人们对事件的看法和评价才是引起情绪的最主要原因。对待同一件事，如果抱有乐观的心态，你就能感到快乐；如果抱有悲观的心态，你就会感到情绪低落。

我在高中担任班主任，需要经常到校检查早自习和晚自习，如果从消极的心态出发，可能会抱怨、吐槽，导致心情糟糕；如果从积极心态出发，就会发现许多惊喜。在我们这样的县城，如果不是高中班主任，哪有机会每天看到早上明亮的启明星和午夜时美丽的璀璨夜空？班级的学生经常违纪扣分，如果从消极的心态出发，就会火冒三丈，把学生狠狠批评一通，自己生气，学生的问题也解决不了；如果从积极的心态出发，可以把这个事件当成课题研究，静下心来和学生沟通，站在朋友的立场上帮助学生分析原因，制定策略，这样不就收获了成长的快乐吗？又到学校组织的集体活动时，如果从消极心态出发，就有可能发牢骚、应付公事，只会加重心理的疲惫感；如果从积极心态出发，和学生一起研究活动的准备方案，让学生组织，老师退居幕后，这样学生收获了成长，班主任的负担也减轻了，何乐不为？

当用积极的心态去看待和处理工作和生活中遇到的问题时，你会发现幸福就在你身边。

二、享受点滴快乐

美国心理学家塞利格曼指出，如果制作一个幸福记录表，每天往里面填入几项自己经历的快乐的事，并给每件事按照快乐的程度打分，这会有助于增强幸福的体验。表格如下：

幸福记录表

时间	事件	幸福得分
9月1日	今天开学，晚自习时我给学生们讲述了我考研的故事，得到了雷鸣的掌声	8分。感受到了孩子们的惊喜和崇拜
……	……	……
9月3日	军训休息时，听到同学们嘹亮的歌声，展现了青春的风采	5分。孩子们好样的
……	……	……
9月20日	上课时嗓子沙哑，下课后收到小英送的一盒润喉片	10分。十分感动

类似这样的点滴小事每天都会带来快乐，时时回顾又会重温快乐，长此以往，我们的幸福感就会大大提升。

三、感悟生活之美

工作是生活的重要组成部分，但绝不是生活的全部。班主任更需要有工作外的其他内容来调节生活，不然只会令自己疲惫不堪。所以，不要再坐在办公室加班了。去公园走一走，看看美好的景色，在鸟语花香、水波荡漾中我们会感受到幸福；换上运动鞋，到操场上去跑步吧，在大汗淋漓中我们会感到身心的愉悦；回家走进厨房准备一顿美食，和家人一起吃饭聊天，体会一场舌尖上的快乐……生活是丰富多彩的，工作之余要学会生活，这样既能够体会到快乐，也会让自己压抑的情绪得到释放，从而保持健康的心态。

有首歌这样唱道："幸福在哪里？幸福就在我们脚下，就在我们心底。"让我们从内心出发，去寻找并享受属于班主任的幸福吧！

如何应对"高一新生期中考后综合征"

在担任高一班主任的工作期间，我发现了一个现象：第一学期的期中考试之后，学生刚入学时那种积极向上的整体学习氛围消失殆尽，一股懈怠、懒散的风气开始在教室内弥漫，并且呈现出愈演愈烈之势。如果不采取正确的措施应对，这种现象就会导致班风每况愈下，最终学生将以惨淡的成绩结束高一的学习。我把这种状况命名为"高一新生期中考后综合征"。

为什么会出现这种状况呢？高一入学时，学生怀着对高中新生活的美好期待，另外，长达两个多月的暑假生活让他们有较强的学习欲望，所以高一开学之初学生都有着较为充足的学习劲头。然而期中考试后，刚入学时的那股新鲜劲已经淡去，此时学生正处于一种原有的学习动机消退的状态；其次，距离高考还很遥远，即使相对重要的期末考试也还有两个多月的时间，学生的学习目标明显缺失；再就是经过两个多月的学习和两次月考，学生的学习成绩出现分化，学习习惯不好和学习方法不佳的同学迫切需要引导。学习动机消退、学习目标缺失和学习习惯欠佳，班级的整体学习氛围不好就不足为奇了。

该如何应对呢？这时需要就教师引导，让学生自主建立新的学习动机，制定明确的学习目标，掌握相应的学习方法并逐步养成良好的学习习惯，如此对症下药，情况自然好转。

具体如何实施呢？我经过一段时间的摸索和总结，最终以阳明心学为武器，开展了"致良知"座谈会、"知行合一"师生交流手册和"我心光明"成长汇报演讲等活动，以此来治疗"高一新生期中考后综合征"，取得了不错的成效。

"致良知"座谈会

"致良知",其大意为"克服私欲,恢复良知",用通俗的话说就是赶走自己心中的负能量,让正能量占据内心。"致良知"座谈会通过学习小组内同学座谈的方式进行"表扬与自我表扬"和"批评与自我批评",以此来"克服私欲,恢复良知",再结合老师的指导,最终达到学生正视自己、解决问题、共同成长的目的。

通过"表扬与自我表扬",一方面让同学们找到了自己身上的亮点,有利于树立自信,这对于以后的学习是至关重要的;另一方面通过挖掘别人的优点,为自己树立了榜样,特别是对学习习惯欠佳和学习方法不当的同学来说,这是一个很好的学习、借鉴的机会。例如,A小组在对小玲进行表扬时,大家都提到了她每节课前的两分钟都会准备好相关的教材、笔记和练习册,每天晚自习都会复习当天的学习内容并预习第二天的知识。这就是良好的学习习惯。大家对她的表扬起到了一种正强化的作用,既有利于小玲继续保持这种好习惯,又会让其他同学在培养良好的学习习惯方面有了明确的模仿对象,从而有利于这个小组整体学习氛围的提升。

通过"批评和自我批评",同学们发现了自身问题所在。这时,需要老师加入,和同学们一起分析深层次原因,并提供解决方案,这样的学习问题"会诊"模式会大大提高解决问题的精确性。例如,B小组小明同学进行自我批评时,提到了自己学习没有劲头,觉得无所事事。这就是典型的原有学习动机消退和缺乏目标的体现,需要激发他内心的动力,制定相应的目标,唤醒沉睡的力量。在师生的共同讨论中,我引导他明确了高考的目标,并细化到每一学期的期末考试,再到每一次月考,这样高中的3年每个月的目标都清晰呈现出来。并据此制订相应的学习计划,以此来激发学习动机。除此之外,我强调我会每周找他交流学习计划的落实情况,让他感受到完成目标的紧迫感,并逐步通过他律来培养自律的能力。他的同桌小刚同学也表态说要监督他的学习计划落实情况。这样有针对性的方案，更加有利于顺利解决问题。

"致良知"座谈会针对"高一新生期中考后综合征"的病因，进行了第一疗程的"治疗"。"症状"较轻的同学恢复良好，呈现向好态势；而"症状"较重且易反复的同学就需要第二疗程的治疗，也就是《"知行合一"师生交流手册》。

《"知行合一"师生交流手册》

"知行合一"，其大意是知识和行动要结合起来。通过"致良知"座谈会，同学们的问题得到了初步解决，为了确保教育效果的持续性，督促学生的意识落实到行动上，除了进一步激发学生的内在动力，还需要学生自律能力的提升，《"知行合一"师生交流手册》应运而生。

《"知行合一"师生交流手册》就是学生根据"致良知"座谈会上剖析的个人问题和不足每周写一次总结，说一说自己是如何改进的，取得了哪些进步，又遇到了什么新问题。老师根据学生的总结再进行反馈，根据实际情况或进行督促，或给予指导，让学生的成长过程进一步具体化、可视化。这样的措施让自制力较差的学生和不善表达的学生能够感受到老师的关注，在改善学习方法和养成学习习惯的过程中，也能够得到老师不断的提醒和鼓励，有利于"疗效"持续发挥作用，使学生不断内化于心，对养成自主学习的习惯大有裨益。

仍以小明同学为例，他在《"知行合一"师生交流手册》中这样写道："我现在有了充足的学习劲头，上课能够认真听讲，也能够做到预习和复习了。但是早读背诵的时候效率不高，读好多遍也记不住。老师有什么好办法吗？"我这样回复："看到你的进步，老师为你高兴。你努力的样子特别阳光，相信你一定会做得更好！在背诵方面，教育学上有个名词叫作'尝试回忆加反复阅读'，也就是背诵时不要单纯地反复阅读，那样效率很低。可以试试读两遍后合上教材努力让大脑回忆，想不起来时再翻开教材看，这样效率会提高不少。因为整个过程中，你的大脑一直在积极思考，而单纯地反复阅读容易导致大脑疲惫。试一试，你一定会有所收获的。"一周后小明回复："老师，我试过你说的方法了，真的很有效！我一定会完成目标的！"

"我心光明"成长汇报演讲

为了更好地巩固上述两项活动的成果，进一步促进学生的自主发展，我开展了"我心光明"成长汇报演讲活动。"我心光明"是王阳明先生临终前对自己的评价，借用这4个字来激励学生的阶段性成长，对学生来说也是一个莫大的鼓舞。活动首先是以小组的形式进行阶段性的总结，每人介绍自己的优秀经验和缺点改正情况，然后大家围绕这些经验进行讨论，总结出具有推广性的方法。接下来是投票选举出本组表现最优秀的同学作为代表在"我心光明"成长汇报演讲时发言。这样的发言聚集了大家的智慧，使得同学们在相互交流中实现了自身的成长。

针对高一新生在期中考试后出现的学习动机消退的问题，我尝试把阳明心学的基本理论运用到教育工作中，引导学生自我反思，寻找自己成长的问题，提升自我管理的能力。让学生在与老师和同伴的交流探讨中找到提升学习效率的路径，提升自主学习的能力。中华优秀传统文化博大精深，如何更好地挖掘这个宝库为教育所用，是需要进一步思考和实践的问题。

感恩节怎么过

感恩，说明一个人对自己与他人和社会的关系有着正确的认识；报恩，则是在这种正确认识之下产生的一种责任感。为了使学生有一颗感恩之心，学会学习，学会做人，学会担当，我把11月份作为"感恩活动月"，并且进行了以下活动。

一、制作以"感恩"为主题的宣传栏

我们班级的宣传栏位于学生餐厅的正前方，很多学生就餐时都会经过这里。所以我们利用这块"舆论阵地"进行了感恩活动月的宣传工作。宣传栏的标题是硕大的两个字"感恩"，副标题是"高二（17）班伴您度过这个感恩季"。

二、观看感恩视频

组织学生观看了著名的演讲家邹越老师的视频《爱祖国、爱老师、爱父母、爱自己》。很多学生在观看视频时饱含热泪，感触颇深。同学们在写视频观后感时都表达了自己的感动。有的同学写道："爸爸妈妈总是内疚没在我小的时候给我买太多玩具，而我觉得爸爸妈妈很伟大，他们给了我这么多，我却从没有对他们说过一声'你们辛苦了'，想想真是惭愧！""现在我已经上高二了，每次看到爸爸妈妈头上的白发，我都好心疼。我一定要努力学习，报答父母的养育之恩。"

三、学生写给爸爸妈妈的一封信

我在班里发起了给父母写一封信的活动，要求学生写出真情实感，说出跟父母想说的话。同学们纷纷动笔，写得情真意切："亲爱的妈妈，这几天很冷，一定要多穿衣服，不要着凉了。""妈妈，您为了我操劳，关心我的学习，关心我的生活，我还不懂事。放假您不让我看电视，我还有点讨厌您。现在想想，您是为我好啊。妈妈我错了。""看到您眼角的皱纹和苍老的双手，我突然想哭。我突然意识到，我需要担负起自己应当承担的责任，考个好大学，找个好工作，挣钱照顾你们。""爸爸妈妈，你们是我一辈子最大的幸福，我想对你们说：'我爱你们！'"

四、班主任写给学生的一封信

在科技楼走廊里的学校文化栏中，有陶行知先生的一句话："要学生做的事，教职员要躬亲共做；要学生学的知识，教职员躬亲共学；要学生守的规矩，教职员躬亲共守。"因此，进行感恩教育，我认为也应该让学生看到教师的感恩。我在感恩节这天，给同学们写了一封信来表达自己的感恩之情。同学们看了我的信，深受鼓舞，并纷纷给我回了信。

五、学生写给老师的一封信

同学们在给我的信中诉说了自己的真情实感，很多话语很让我感动："老师，听了你的一番话，我才知道我误解你了。我真后悔，我太不懂事了，老师，对不起。"

"老师，您没有必要向我们道歉。我们应该向您道歉，我们太调皮，经常犯错误，让老师为我们操心。"

"老师，今天听到了您说的心里话，我很感动。我一定改正错误，好好学习。"

"老师，当高考结果出来的时候，我们保证一定会报喜，把您的电话打爆。到那时，我们会骄傲地告诉别人，我们都是您的学生！"

……

在这个寒冷的冬季里，气温虽然很低，但我的心很暖。因为，我看到感恩之情已经慢慢地融进了每个同学的心中，感恩之行越来越体现在同学们的行为之中。感恩活动月虽然结束了，但"感恩"两个字将永远陪伴我们前行！

一个优秀教师应该是什么样子的

要处理好与学生的关系，我们可以从《论语》中的一句话得到启发："子温而厉，威而不猛，恭而安。"话中所说的这些特征正是一个优秀教师的样子，具体应当怎么做呢？

温而厉——温和而严厉

班主任无论是课堂授课，还是课下与学生交流，都应当呈现出一种温文尔雅的气质，这样就会让学生如沐春风，既有利于课堂学习效率的提高，也有利于师生间的交流互动。当然仅有温和是不够的，因为学生在成长过程中会面临很多问题，这就需要我们进行指导和督促。人都是有惰性的，学生也不例外，因此教师在原则性问题上一定要严厉，坚守底线。有的老师可能认为，严厉不利于师生关系的相处，其实不然。有学者在多所学校做过调查，结果证明绝大多数学生都希望老师对自己严格要求。只是，这种严格必须与温和并行，也就是美国心理学家简·尼尔森所提倡的"和善而坚定"的原则。严厉要讲求方法，要以尊重学生为前提，用温和的语言表现出来，这就是"温而厉"。

威而不猛——威严但不刚猛

教师威严、庄重，才会让学生产生敬畏之心。作为教育工作者，面对学生需要养成的核心素养、价值认同和根植于心的家国情怀时，我们必然要带着庄重和敬畏通过努力去实现。当老师带着威严、庄重的态度和学生一起学习祖国的灿烂文化、感受英雄人物的感人事迹、了解新中国取得的伟大成就时……学生自然耳濡目染，久而久之必然产生潜移默化的影响。不刚猛，也就是绝不给学生咄咄逼人的感觉。在教育过程中虽然威严但绝不越界，使学生感受到平等的氛围，而不是成年人的威压。如此，便是"威而不猛"。

恭而安——恭敬而安详

恭敬，其实更多体现为尊重。如果班主任总是试图控制学生，把自己的思想灌输给学生，这样不利于学生责任感的培养和自我意识的觉醒。只有学生感受到尊重时，才会像简·尼尔森说的那样，"有机会去学习具备良好品格所需要的有价值的社会和人生技能"，才会培养出"责任感"。安详，指内心的平和。不管在教育过程中遇到什么问题，一定要保持内心的平和，不受情绪左右，调动专业知识分析和解决问题，这才是一个教育者应有的样子。

教师"温而厉"，学生就会专注学习；教师"威而不猛"，学生就会心悦诚服；教师"恭而安"，学生才会健康成长。如此，师生必然和谐共处，教育工作的开展自然水到渠成。

班主任的暑假怎么过

班主任要过一个有意义的暑假，可以从孔子的一句话得到启发："志于道，据于德，依于仁，游于艺。"具体应该怎么做呢？

志于道——立志追求人生理想

暑假来了，但理想的追求不能休假。相信每名教师在走上工作岗位的时候，都有过要成为一名教育家的理想，所以班主任应当利用好暑假的大好时机，为我们的人生理想增砖添瓦。把一个学期的教育工作整理成教育随笔，总结成功的经验，反思失败的教训，为以后的工作提供更好的思路；认真研读一本教育名著，在与教育家的对话中你会不断有醍醐灌顶的惊喜，也为自己的教育人生注入了汩汩的源头活水；进行一次家访，在与家长和学生的近距离接触和坦诚的交流中，我们不经意间就会找到教育的契机；组织一次假期研学旅行，与学生共同远行后，我们会对教育有更多更深层次的思考……当坚定地朝着教育家的目标前进时，我们的内心肯定是充实的，也是无比快乐的。

据于德——切实把握思想道德修养

班主任平时总是站在道德高地，要求学生做这个做那个，我们自己能做到吗？暑假来了，我们可以走向街头做一名义务的交通疏导员，去汽车站问讯处做一名志愿者，给这个城市增添一抹亮色；可以去敬老院、孤儿院做一名义工，在奉献爱心的同时让我们的心灵得到净化；可以在公园组织一次保护环境的公益宣讲，为建设美丽中国尽到自己的一份绵薄之力……通过这些活动，我们对美德多了一份理解，教育学生时也会多一份自信和底气。

依于仁——做好自己该做的事

什么是该做的事？工作时，我们是班主任，带好班级，教育学生是该做的事。但我们还是家庭的一分子，平时忙于工作，亏欠了家庭太多，利用暑假陪陪家人，这也是我们该做的事。带着爱人、孩子回老家看看，跟父母谈一谈自己工作的酸甜苦辣，让孩子向爷爷奶奶说一说自己的校园趣事，听老人讲一讲他们年轻时的故事，一家人享受一次难得的天伦之乐；去田里走一走，到菜园看一看，动手干点农活，体验一把田园风情的闲适；带着全家人来一场预谋已久的旅行，细细品味一个陌生城市的魅力，在一个全新的环境里释放工作压力，增进家庭的和睦。有了家庭的和谐，工作时我们就会多一份内心的平和。

游于艺——有能力从事文体活动

健康的身体是工作的保障。利用暑假培养一种体育爱好，这会让我们受益终生。如果实在没什么特长，那就去跑步吧。我前几年身体状态不佳，心律不齐、眼睛疲劳、颈椎不好，无奈之下开始跑步。从1000米、2000米直到5000米，坚持两年的跑步使我的身体状况大大好转，也让我有更多的精力去迎接工作中的挑战。

当做到这些时，班主任必然会度过一个充实而又丰富多彩的暑假，对自己、对家人、对学生都会产生良好的影响。

【此文发表于《德育报》2018年7月9日刊】

班主任心理压力大怎么办

班主任承受着巨大的压力，极易感到疲惫、紧张和焦虑，那该如何应对呢？

一、给压力把把脉

班主任的压力来自多方面：考试评比成绩靠后、纪律卫生检查扣分、优课竞赛成绩垫底……有压力是正常的，但不能总是陷在压力之中，否则久而久之就会严重损害我们的身心健康。如果竭尽全力仍无法改变现实，不如先改变我们的想法。很多事情的结果我们无法左右，只要我们努力成为最好的自己就是成功，不要过分期待自己事事都做到最优秀。如此想，我们的压力就会减轻许多。

二、变压力为动力

从进化心理学的角度分析，人之所以感到有压力，是我们的祖先在漫长的进化过程中自然选择的结果。试想一下这样的场景，几万年前人类的一位男性祖先外出狩猎，结果一直到下午还一无所获，他感到焦虑，因为妻子和孩子正等着他带着食物回家。这样的压力当然会令人不适，但是和情绪上的焦虑紧密相关的是他身体上的反应，那就是心跳加速、肌肉紧张。而这样的反应正好加快了他的步伐，他寻找食物的效率也开始大大提高。如此看来，适度的压力不是更加有利吗？

让我们回到几万年后的今天，很多时候我们感到的压力是因为目标无法达成带来的。期末考试临近，我们感到有压力，是因为学生的学习状态不佳；家长不满，我们感到有压力，是因为我们做得还不够；马上要召开主题班会了，我们感到有压力，是因为我们还没有准备好……如何化解压力？正确的途径就是迅速调整状态，变压力为动力，找到相应解决问题的办法。有适度的压力，我们的效率也会提高很多。当问题迎刃而解，压力自然就会化解于无形。

三、为压力找出口

当压力超过一定限度时，就需要及时疏导。下班后不要在办公室久坐了，回家陪家人聊聊天，做做饭，散散步，在欢声笑语中压力会得到缓解；去操场上跑步吧，不需要多么专业的装备，只要穿上跑鞋，坏情绪会随着汗水的流淌烟消云散；陪孩子去郊游吧，看看远处的山、近处的水、脚下的青草、身边的鲜花，大自然神奇的疗愈功能会让我们身心愉悦……通过这些方式，我们可以及时排解压力，还自己一片晴空。

压力会始终伴随我们的工作和生活，但只要我们认真对待、静心剖析，就可以把压力变成我们前进路上的朋友，赢得我们教育人生的精彩时刻。

教育随想

由"分班后遗症"想到的

升入高二后，学生分班，组建新的班级。每当这时，都会有一些学生对原班级有所眷恋，这是人之常情，过一段时间就会逐渐适应新环境了。但是没想到，今年的分班过去了将近半个学期，我仍能强烈感受到"分班后遗症"的存在，原高一的学生们频繁找我求助就说明了这一点。

先是小月含着眼泪向我诉说了她对新班级的不适应。她说，班主任不喜欢他们，班风不好，同学们之间的关系也不太融洽。我安慰她说，换了新环境，总得想办法适应。你们班主任我很熟悉，他只是不太善于表达自己的感情，其实对你们都很关心；良好班风的创建也不是一朝一夕之功，需要时间慢慢形成；同学们只是还不够熟悉，处得时间长了自然会融洽很多。既然进了新的班级，就不要事事和原班级比较，这样不利于情绪的稳定，也不利于新的学习生活的开始。

送走了小月，小慧又来了。小慧是我高一时期培养的班长，为人干脆利落，学习成绩优异，组织能力很强。在我的推荐下她的新班主任仍然任用她做班长。小慧的新班主任是刚毕业的大学生，很上进，但缺乏工作经验。每当班级出现卫生、纪律等违纪情况，他就拿小慧这个班长问罪。在工作过程中没有和风细雨的谈心，只有暴风骤雨的质问。倒完苦水，小慧感慨地说："老师，我高一时跟你当班长，你很少批评我，即使批评也没有大吼大叫过。原来我喜欢有事没事到办公室找你聊两句，现在可好，只要听到班主任叫我，我就有点胆战心惊。"我一时无语，只好说："你班主任有上进心是好事，只是年轻，经验不足，你担任班长也要学会适应不同风格的老师，你可以找个合适的机会和班主任交流一下自己的想法，相信他一定会认真考虑你的建议。"经过一番畅谈，小慧的心境开阔了许多。

本以为"分班后遗症"到此为止，可是小萌又引起了我的注意。升入高二，我不再担任小萌的班主任，但是仍然给她上课。分班后的小萌失去了上学期的学习热情，每天上课很安静，不是认真学习的那种安静，而是一潭死水般的安静。课后我找她谈话，询问近况。没想到小萌情绪很是激动，一边说一边哭，说现在的班主任只关注学习好的学生，每次见到她都是横眉冷对，就算自己上次月考取得了一点进步，老师仍然视而不见。她越说越激动，一度陷入号啕大哭的境地。可见她的内心多么压抑，多么希望有人关注她。经过一番长谈，小萌总算重新燃起了希望。第二天，我收到小萌给我的一封信，感谢我的关心并答应一定不放弃自己。

把这几天的事联系到一起，我不禁陷入了沉思。"分班后遗症"为什么会出现？又该如何避免呢？我觉得主要有以下三方面原因：

第一，学生适应能力差。告别一个熟悉的环境，来到一个全新的陌生环境，一些学生就会缺乏安全感。如果在新的班级遭遇波折，就会更加怀念原班级，也会更加不适应新的班级，由此形成恶性循环。小月就属于这种情况。这就需要我们在分班前后采取相应的措施，做到未雨绸缪。分班前，给学生召开主题班会，一方面回顾高一共同经历的风雨，另一方面展望高二、高三前进道路上可能遇到的问题，指导学生做好学业规划，对分班后可能遇到的挫折做好充分的心理准备；分班后，尽快给新班级的同学们创设一个良好的氛围，让他们迅速获得安全感，同时注意个别学生的思想动态，及时做好心理疏导。

第二，年轻老师经验不足。小慧遇到的就是这种情况。当下很多学校师资匮乏，新来的年轻教师往往在学科教学方面尚待成长，班级管理方面更是毫无经验，巨大的工作压力很容易导致他们心态失衡。当在工作中体会不到成就感，而又受到领导的不断苛责，这样容易形成"踢猫效应"，他们就会把压力转嫁到学生身上，导致师生关系紧张。因此希望学校领导对年轻教师多些鼓励，少些批评，并给予适当的指导，如此年轻教师就会快速成长。

第三，部分教师过于功利的教育观念。小萌的濒于崩溃让人心痛，但反映了一个无法回避的普遍存在的现象：很多高中学校片面追求升学率，并以此作为考评教师的唯一标准，这就导致有些教师眼中只有优生。这样的想法无比实际，却违背了教师的初心。高考不是衡量人生成功与否的唯一标准，但对学生的热爱是一切教育工作的出发点。当教育缺少了人文关怀，只剩下冰冷的升学率，这还是教育吗？所以，希望我们的教育同人不要总是淹没在每次考试后烦琐的数据分析之中，闲暇时多读书，多研究，带着对教育的热忱上路，教学生做人，才是教育的根本所在。如此，我们的教育人生之路才会更加宽广。

3个学生，3种境况，"分班后遗症"背后折射的是教育的现状。我一度觉得很无奈，因为除了第一种状况外，其他两种我似乎无能为力。但转念一想，作为一线教师，只需努力做好自己的本职工作，用自己对教育的热爱去感染身边的人，做到问心无愧。当越来越多的人加入这个"努力"的行列，相信"分班后遗症"会越来越少，教育的现状也会越来越好。

请丢掉心中那把"锤子"

一走进校门，远远地看到李老师正在批评班里的几个学生。李老师表情严肃，情绪激动，语气严厉。几个学生低头不语，默默地听着。一会儿，几个学生站成一队，去操场上跑步了。我走过去，向李老师了解情况。原来早上学校晨会结束学生退场时，李老师的班级排在最前面，本来一直在迅速撤离的队伍走到餐厅和教室中间时停住了，导致其他班级1000多名学生全部堵在后面，造成了极大混乱。校长很生气，要求班主任严肃处理。李老师就把班长、体育委员和队伍第一排的学生狠狠批评了一顿，然后罚他们去跑圈。

我听了有些困惑，因为这个班的班委看起来很有能力，班级整体表现也很好，怎么会出现这样的低级失误呢？我问李老师："那学生怎么说的？为什么停住不走了？"李老师一愣，接着说："还用问吗？肯定是有学生捣乱！"

课间李老师和我找到几个学生询问当时的情况。原来散会时主持人只说各班按顺序离开会场，却没有说回哪里，而当时又恰好到了吃早餐的时间，所以学生不知道是该去食堂还是回教室，最后就停在了中间。我们恍然大悟，便问学生："那你们怎么不跟老师解释呢？"学生委屈地说："老师没给我们申诉的机会啊！"

事后，我陷入了沉思。面对学生出现的问题，如果老师不问青红皂白就直接用自己的惯性思维去解决，这样的方式还是教育吗？这样能起到教育的效果吗？一位心理学家说过，如果你手里只有一把锤子，你就会把一切都当成钉子。我们可以把这把"锤子"看作自己的优势，得心应手的工具。在遇到各种各样的问题时，我们往往受限于思维定式，试图用这把"锤子"解决所有问题。如果教师心中有这样的一把"锤子"，就会把学生的一切问题看成钉子，然后心安理得地不停挥动锤子。

我们心中的这把"锤子"来自何处？或来自所谓"教育经验"的积累，或是来自思维的惰性。但是，简单的思维、单一的方式必然不利于学生的成长，不利于教师的专业发展，最终背离教育的本质。所以，我们一定要丢掉这把"锤子"，带着真诚多学习、多思考，寻求更符合教育规律的思维方式和教育方法，这样才是一个为人师者应该具备的样子。

三方合力，搬掉孩子心中那座"山"

依赖型人格障碍是一种心理疾病，突出表现为缺乏主见、自卑和过度在乎别人的评价。出现依赖型人格障碍，主要原因在于父母的溺爱。

父母的过度呵护，会导致孩子独立性差，遇事总想找个靠山；父母事无巨细大包大揽，剥夺了孩子适时展示自我的机会，长以此往导致孩子缺乏自信；这种性格缺陷，导致孩子无法对自己做出正确评价，因此过于看重自己在其他人眼中的形象。如果父母发现这样的情况不及时解决，会给孩子成年后的生活和心理健康带来极大的消极影响。那具体应当怎样做呢？我们可以从三方面入手，合力搬掉孩子心中依赖的那座"山"。

父母——循序渐进，学会放手

父母对孩子的爱是伟大的，也是无私的，但是必须把握好一个度。父母首先应明确，孩子依赖型人格形成的主要原因在于家长的教育方法不当，所以要改善情况必须从家长做起。家长需要解决的核心问题就是学会放手。当然，这种放手必须循序渐进，不能一蹴而就。家长可以根据孩子依赖程度的强弱列一个表格，先从孩子依赖程度弱的事情开始。当孩子的状况有了好转，再逐步放手依赖程度强的事情。比如，孩子问家长早上起床穿什么衣服，这样的问题只要孩子愿意自己想，肯定能做出选择，而且不管选择哪件衣服其后果无非是好看与否，而不会有太糟糕的后果，这就是依赖程度弱的事。先从此类事情放手，让孩子自己选择，再逐步放手，比如吃什么饭、完成作业的先后顺序等，然后再是诸如让孩子自己洗衣服、做家务等需要孩子自主动手动脑、需要系统配合的事情。整个过程应小步走、慢慢来，既要下定决心，又要耐住性子，一段时间以后，必然会收到不错的效果。

教师——改变认知，培养自信

教师应当充分发挥教育者的角色，逐步改变学生错误的认知，并创设机会，逐步培养学生的自信心。首先和学生谈心，指出现在呈现出的这些心理特点不是学生自身的问题，而是成长过程中遇到的小障碍，只要方法对路、积极应对，是可以逐步改善的。接下来，适当创设机会，结合学生的长处布置一些简单的任务，逐步培养学生的自信；与各任课教师沟通，请求他们多表扬、多鼓励，不断增强孩子刚刚树立起的自信；与其他同学沟通，努力营造一个宽松、融洽的氛围，同时交给他一些班级任务为集体做贡献，以此获得同学们的认同感，并进一步激发学生的自我认同感。这个过程需要教师有足够的耐心，在学生力所能及之处鼓励他自己想办法做，自己解决问题，并在他下意识地想要依赖他人时给予温和而坚定的拒绝；在学生完成任务有困难时，适时适度地引导他想办法解决，在完成任务后给予及时归因，告诉学生之所以能够成功都是他自己努力的结果，从而逐步改变学生的错误认识，树立自信。

孩子——激发内心，自我导向

孩子的转变是一个曲折、反复的过程，在这个过程中，由于强大的思维惯性，孩子很容易在稍遇挫折后又回到原来的依赖状态。依赖型人格的形成很大程度上与孩子童年时期留下的自卑痕迹相关，所以要解决问题还要回到内心深处。教师应引导孩子回忆童年时家长或朋友对自己说过的给自己留有心理阴影的话，例如，"你真笨""你真是个呆子""你真蠢""你什么都做不好"……再把这些话逐条列出，想想他们说这些话的时候是什么样的语境，他们是否也对别人说过这样的话，以及这些话是否符合实际情况。然后和家人、朋友真诚地交谈，告诉他们真实感受，并请求他们给予及时的激励。教师要抓住一切机会激励孩子，并不断强化他依靠自己可以做成很多事的认知，以此来引领孩子逐渐形成自我导向，最终逐渐摆脱依赖型人格。

　　总之，要孩子摆脱依赖型人格是一个长期的、系统的过程，只要家长、教师、孩子三方合力，一定可以搬走孩子心中的那座"山"，给孩子一个独立的、自由的未来。

享受"手脚并用"的幸福

相信很多老师都会遇到这样的场景：又送走了一批毕业班的学生，又是一个新学期的开始。读着学校一成不变的校规，看着似曾相识的又一届新生，想想又是一个3年或6年的轮回，心底不由得产生一种倦怠感。我作为一名高中班主任，每天从早到晚十几个小时的工作量，每两周或四周才有两天的休假，以高考为终极目标的三年长跑，这样的生活也让我一度迷失自己。庆幸的是，我在"手脚并用"中摆脱了倦怠，找到了属于教师的幸福。

"手"之幸福——写作

开学了，又到了评先树优时。我想当然地认为，凭借毕业班的优异成绩，我肯定会拿一个"优秀教师"的证书。然而，我的愿望落空了。领导的解释总是无懈可击，我的情绪跌入了谷底。恰逢此时，接到了学生小辉从大学打来的电话。小辉是今年的毕业生，在我的帮助下，他以自主招生的方式成功考入了我的母校——南方的一所"211大学"。在他收到入学通知书后，我又鼓励他继续努力，争取考入基地班学习。现在一切尘埃落定，他打电话来向我报喜，说已成功考入基地班，并一再表达感激之情。在电话中，小辉谈及正值母校80周年校庆，希望我有空回母校看看。挂掉电话后，我陷入了沉思。

十几年前，当我怀着兴奋的心情踏入母校时，一幅醒目的标语映入我的眼帘："今天你以师大为荣，明天师大以你为荣。"想想真的是汗颜，我有什么成绩让母校以我为荣呢？我还在为某个荣誉证书而苦恼，为争取某位领导的欢心而丧失了自我，这是一名优秀教师应有的状态吗？不，我一定要奋起，改变这种"只顾低头拉车，不知抬头看路的"混沌状态，为自己开辟一条新路！

读研时，导师得知我要去高中工作，曾经语重心长地跟我说："以后走上工作岗位，一定要记住——发挥专长，才能成长。你的长处在于写文章，一定要坚持下去。"但参加工作后，我一直紧跟高考升学率的指挥棒转，满脑子想的都是如何提高学生的成绩，写作的事早已抛到了九霄云外。现在是时候重新开始了。

但是，说起来容易做起来难。好久没写了，写什么，怎么写，这成了困扰我的难题。于是我从一些刊物的话题征稿开始写起。有了话题，再结合自己的工作经历和理解，按要点整理出大纲，文章就基本定型了。等文章写完，自己读起来感觉还挺好，于是郑重投稿，然后等待稿件被录用的消息。一篇又一篇投出去了，却如石沉大海，杳无音信。我有些生气，心想：这么好的文章怎么不采用呢？肯定有猫腻！但是生气之余，还是静下心来研究我写的文章和刊物上发表的文章的差距。仔细对比后，恍然大悟，刊物是要为读者服务的，只有吸引读者，对读者有启发，才是好文章。而我写的文章内容不新颖，形式不工整，能被录用才怪呢。

我心平气和了，开始认真地修正写作的思路和方式。终于，在接二连三地失败后，有两篇文章几乎同时被录用。看着编辑老师发过来的稿件录用通知，我欣喜若狂。我终于成功了！那一夜我兴奋得辗转反侧，难以入眠。也许在别人看来，这件事微不足道，但对我来说，这绝不仅仅是两篇发表的文章，而是我新生命的开始。

我的写作之门就此打开。半年的时间，已经有10篇文章被录用。我的生活因为写作也被接踵而至的快乐填满。当班级管理中有新的问题出现时，意味着问题解决了就会有新的写作素材，这让我快乐；当把工作中发生的点点滴滴变成文字时，成就感油然而生，这让我快乐；当看到自己的名字和文章变成铅字出现在刊物上时，成就感上升到顶点，这更让我快乐；随着不断地写作，我在教育工作中面对学生时多了一份理性的思考，学生在快乐地成长，同时也促进了我的成长，这也让我快乐……

感谢写作，让我不再纠结有没有获得"优秀教师"的荣誉证书，不再烦恼职称晋级名单中有没有我的名字，不再因工作中的难题而无所适从，而是度过充实和快乐的每一天。

感谢写作，让我在教育人生中最迷茫的时刻找到了幸福。

"脚"之幸福——跑步

参加工作后，一方面由于忙碌的工作，另一方面是因为自己不懂得调节，缺乏锻炼，导致身体健康状况恶化。有一段时间，上课时出现心悸，更可怕的是在某个下晚自习回家的路上，眼前一黑，突然跌倒在地。到医院检查后，医生告诫我必须锻炼身体，不然后果很严重。面对严酷的现实，我下定决心开始锻炼身体。经过一段时间的尝试，我选择了跑步。

之所以选择跑步，是因为它简单——不需要专业装备，不需要专门场地，不需要寻找队友。早自习前、送孩子上学后、晚自习前……这些零碎的时间成了我的跑步时光。这些跑步的时间很短，只有10分钟左右，所以没有系统的训练规划，跑步比较随意。

转过年来，学校整体搬迁到了新校区，我上班的距离由原来的1千米增加到7千米。零碎时间没有了，留给我的只有下午放学到晚自习之间大概一小时的时间。随着跑步时间的延长，我开始向体育老师请教，来规划我的跑步训练。经过一段时间的坚持，我开始逐步延长跑步距离，从1000米、2000米直到5000米。30多年的人生，我长跑的距离从来没有超过3000米，而现在居然突破了5000米，创造了属于自己的记录。此后我每两天跑一次5000米，一直坚持到今天。

当我奔跑时，听着自己有节奏的呼吸，伴着汗水的滴答声，心情随之放飞，一天的疲惫和压力也烟消云散。我经常会在跑步时梳理文章的写作思路。我惊喜地发现，跑步时思路特别清晰，灵感也会常常光顾。此外，跑步带来的那种浑身轻松和愉悦的感觉让我越来越享受，只要几天不跑就感觉浑身难受。后来才知道，长途的奔跑会刺激大脑分泌多巴胺，而多巴胺会给人带来快乐和轻松的感觉。很庆幸我选择了跑步，这种快乐的感觉让我难以半途而废。

跑步一年来，我的体重下降了8千克，赘肉不见了，身体健康了，原来的那些不适的症状也消失了。我欣喜地发现，跑步塑造了一个全新的自我，让我感受到了生活的快乐。

我的"私家园林"

中国有很多名满天下的私家园林，这些园林寄托了中国文人对美的想象和追求，同时也构建了知识分子的精神家园。虽然，这样的私家园林不是一个普通教师的财富所能够承担的，但是我却因为一次偶然的发现拥有了一个"私家园林"。

一天下班后，我在学校附近散步，等待晚上的晚自习。由于学校是位于县城郊区的新建校区，附近还比较荒凉，我便信步走向了不远处的政务中心。就这样，我不经意间闯入了一处秘境。

这里是一块方圆几十米的广场，位于县政务中心的某两栋楼之间。在广场的西侧是一片树林，树林里有各式各样的树木，草地上还点缀着许多不知名的小花。在广场的南北两侧，还有两个凸起的小广场，上面矗立着两个园林建筑，建筑两旁栽种着形态各异的植物。漫步其中，惊喜和愉悦不断涌上心头。更妙的是，由于地处偏僻，很少有人光顾这里。于是，这里就成了我的"私家园林"。

此后我便经常到这里散步，时间久了，我发现自己越来越喜欢这个空间，它对我而言也有了更多的含义。

这里是心灵的栖息所。在这里，目光所及之处，尽是花红柳绿；充耳所闻之声，尽是鸟鸣啾啾；沁人心脾之味，尽是弥漫在空气中青草的芳香。置身于这样的环境中，身心仿佛和自然融为一体，积攒一天的压力一扫而光，从而收获一个全新的自己。

这里是思维的充电站。漫步在树荫下，草丛边，随着新鲜的空气不断吸进肺里，思维也活跃起来。教学中的某个难点如何突破，班级管理中的某个困局如何破解，接下来的写作围绕哪个点展开，这些原本堵塞在脑子里的问题都会在这时找到答案。

　　这里是梦想的起飞地。我在这两年的持续写作中收获了很多，也有幸成了几本期刊的封面人物。而作为封面人物的照片，都是在这里取景拍摄的。每当散步在这些曾经留影的地方，心中不由得生出一种自豪感，埋藏在心底的梦想也不断激荡。记得某年除夕的年夜饭，我和儿子谈起梦想。儿子说他的梦想是成为一名古生物学家，我说我的梦想是成为《班主任之友》的封面人物。只可惜，我鼓起勇气往封面人物栏目的投稿初审就没有通过。我知道我的水平还不够，但我的梦想还在，漫步在这里，则时刻激励我不能忘记自己的梦想。同时，朝这个梦想迈进的过程，正是我的教育思想逐渐成形的过程，更是我的教育生命不断丰盈的过程。

　　偶尔和在省城工作的同学联系，他们经常和我谈起某所高中又建了新校区，要招聘老师，劝我离开县城去省城发展。我也曾心动过，也知道更高的平台意味着更好的发展。但是某次在"私家园林"散步时，我突然想到：到一个喧嚣的大城市还能找到这样的静谧空间吗？其实对我来说，不管身处什么样的环境，只要梦想还在，目标清晰，一样可以到达自己的诗和远方。

　　苏轼说："此心安处是吾乡。"此地，此时，心安，足矣。

我的"捕猎"时光

我上大学时，业余生活丰富多彩，踢球、爬山、暴走……忙得不亦乐乎；参加工作后，高中班主任的全天候工作量和升学的巨大压力，让我失去了所有的业余生活，每天奔波于办公室、教室、学生宿舍，也忙得不亦乐乎。但是几年下来，我逐渐觉得活得很压抑，经常情绪莫名低落，甚至一度怀疑自己得了抑郁症。直到有一天，有位关系不错的老教师劝我："你要忙里偷闲，有点业余爱好，不然整天无休止地工作，迟早有一天会把自己压垮的！"话虽不多，但对我来说如一声惊雷。是啊，工作再忙也得调整休息，毕竟人不是机器。可是，工作时间太长，闲暇时间太短，找点什么业余爱好呢？通过一段时间的摸索，我开始了一段"捕猎"时光。

捕虾

我们学校班主任每周值班一天，中午和晚上检查学生宿舍休息情况。中午值班完毕后，下午可以回家休息。这个下午成就了我的捕虾时光。

捕虾需要3件法宝：4元钱买的捕虾网、一根结实的细绳和一块吃剩下的羊骨头。骑着自行车从家里出发，5分钟后就到了一条小河边。放好自行车，支好捕虾网，固定好羊骨头，拴好细绳子，然后气沉丹田，抓着绳子轻轻一甩，随着捕虾网落入水中，捕虾陷阱就大功告成了。这时的我只需在河边或站或坐，静待成功。10分钟后，轻轻地把捕虾网拎出水面，里面就会有一两只活蹦乱跳的河虾。就这样，运气好的话，一个下午可以收获十几只虾。

其实，快乐的感觉远不止从网中拿出虾的那一瞬。当坐在小河边静静等待的时候，看着清澈的河水缓缓地流淌，不时有几只小鱼在水草间嬉戏，烦躁的心情瞬间就平静下来；微风吹过，水面泛起层层涟漪，河边的垂柳随风摆动，泥土的气息混杂着花草的芬芳扑面而来，让人沉醉；和煦的阳光照着大地，蓝天、白云、绿树、清水，还有远处鸟儿叽叽喳喳的叫声，组成一幅美丽的画卷。在这幅画卷里的我，抛却了一切烦恼，心旷神怡。

不得不惊叹于大自然对人的心理的神奇疗愈功能。对我来说，有没有捕到虾，捕到多少虾都不重要，收获了一下午休闲惬意的闲暇时光，换来了上班后的愉悦心情，这才是最宝贵的。

捕蝉

随着夏天的临近，捕蝉的人开始增多。

太阳快要落山的时候，蝉开始破土而出，沿着树干爬到高处，经过一夜的努力，蜕掉幼壳，晾干翅膀，展翅高飞。晚上的6点到9点是蝉出土的高峰期，我们一家三口就在这段时间走出家门，步行约10分钟就到达了县医院南面的一片树林。捕蝉需要3件神器：犀利的眼神、敏捷的双手和一把手电筒。

来到树林后，我们迅速成战斗队形散开，在手电筒的照射之下仔细地寻找着每一棵树。一会儿，人渐渐多起来，整个树林里全都是手电筒的亮光晃来晃去。这时的喜悦比较单纯，往往来自此起彼伏的一声声欢呼："我捉到一只！""我也捉到一只！"

回家后这种快乐的时光继续延续。刚上一年级的儿子对动物充满了好奇，他一定会留下几只蝉，把它们放到纱窗上，等待着第二天的变化。第二天一早，原本赖床的儿子会早早地一骨碌爬起来，揉着眼睛看看蝉变成什么样子了。在我的引导下，儿子开始写一些简单的日记来记载每天观察到的蝉变化的情况。看着儿子的日记，我惊叹着生命的成长——既为蝉，更为儿子。

幸福的高潮来自将蝉变成一种美食——炸金蝉。将尚未蜕变的蝉洗净，放到盐水中腌起来，过两天将其取出，放到滚烫的油锅中，只需几分钟，一道色香味俱佳、营养丰富的菜品就诞生了。炸金蝉是否能吃，一直众说纷纭。但在鲁北一带，它一直是祖祖辈辈餐桌上的营养佳品，于是我们也顺理成章地延续着多年的习惯。总之一句话：吃自己的蝉，让别人说去吧！

捕蟹

驱车北行60千米，秦口河入海的地方有一片泥滩，这里是捕蟹的天堂。在夏日的午后，经过近两个小时的颠簸，就可以到达这里。站在高处，远远望去，密集的螃蟹群在各自的洞口蠕动，宛若天上闪烁的繁星。脱下鞋袜，挽起裤管，直奔螃蟹洞，接下来的工作只需要用手掏洞就行了。当然，这样得冒着被螃蟹的大钳子夹一道印痕的风险。

经过一下午的忙活，带着几十只螃蟹凯旋。挑一些肥的洗净，放到蒸锅里，倒水，生火，几十分钟后看到螃蟹变成红色，就可以大快朵颐了。

剩下的螃蟹成为儿子的新宠物。儿子一边不厌其烦地逗着螃蟹，一边问问题："螃蟹为什么有钳子？""它为什么横着走？""它为什么吐白沫？"……我一时语塞，急忙查资料，帮儿子解答问题。回头想来，既满足了自己的胃，又学到了知识，岂不快哉？

从进化心理学的角度来看，我们远古的祖先狩猎的传统会给我们留下烙印，并保存在我们的潜意识里。所以当我们在自然界"捕猎"的时候，带来的那种心理愉悦感就不言而喻了。当然，我们的"捕猎"还应做到：不违反国家法律法规，不侵犯他人利益，不破坏生态平衡。在此前提下，我们就可以尽情享受"捕猎"的快乐了。

【此文发表于《班主任之友》（中学版）2020 年 7、8 月合刊】

莫让经验变羁绊

临近期末考试，考入大学的上届学生也陆续进入寒假。他们带着大学新生的兴奋和对高中生活的怀念，纷纷回母校看望老师。为了加深农村高中的孩子们对大学的了解，我请这些学生到班里做励志演讲。内容一般分为三部分：大学的美好生活、学习方法的介绍和自由问答。凭借多年的班主任工作经验，我想当然地认为学生会关注到大学的实力和校园的美景，因为我原来给往届学生开班会介绍大学的时候，一般只会涉及这几方面，而且效果不错，也能够激发学生的学习热情。然而，当学长在介绍自己的大学时，我所认为的重点并没有引发学生过多的关注，反而是大学食堂里琳琅满目的美食引来了学生的第一次集体惊叹，最高潮竟然是几个影视明星在大学校园里拍戏的画面，一些学生甚至抑制不住地尖叫，并且当场有好几个学生表示一定要考入这所大学。我不禁愕然，这样也行？

这让我想起了小阳的故事。小阳是我班里的一位女生，她有一位龙凤胎的哥哥在隔壁班。哥哥学习优异，而她却处在班级中下游，而且完全没有要发奋努力的迹象。我找她谈话多次，涉及的话题多围绕个人未来、对父母的回报以及拿她哥哥做榜样，但是收效甚微。正当我苦无良策时，她却安心学习了，呈现出一种迥异于以往的蜕变，并且好几次考试连续大幅进步，成绩已跨入优秀行列。我颇为好奇，是什么因素产生了如此巨大的魔力？在班内召开的学习经验交流会上，小阳吐露了真情。原来促使她凤凰涅槃的是她最好的朋友小惠的一句话——"你现在这样的学习状态，以后怎么可能和我考入同一所大学呢？"

这两件事对我触动很大。我一度认为自己很懂学生：在班级活动开展之前、与学生谈话之前都会换位思考，推敲这样的活动会不会引发学生的共鸣，这样的批评方式会不会奏效，那样的表扬方式会不会激发动力，在打动我的前提下再运用到学生身上。

　　然而随着班主任工作年限的增加，经验越来越丰富，思想上的惰性在不知不觉中严重影响了我的判断，直到这两件事才让我猛然惊醒：我其实忽略了一些最基本的问题，比如说教育对象的个性差异。教育是有规律可循的，但我们绝不能忽视个性差异。这些个性化的差异不仅指学生个体，还包括学生群体的差异。学生绝不仅仅是名单上一个个干巴巴的名字，而是一个个活生生的人。能打动这一届学生的话语不一定能打动下一届学生，能解决很多学生问题的方法不一定能解决某一个学生的问题。即使他们来自同一所初中，坐在同一间教室，但每个人个性不同，家庭环境不同，对同一事物的接受程度自然也不同。如果班主任试图用一成不变的办法来解决所有问题，或者大多数问题，这是不可能的。

　　从这个角度上讲，越是经验丰富的班主任越应该警醒，不要让经验成为教育的羁绊。正如美国教育家杜威在其著作《经验与教育》中提出的，不是所有经验都是有利于教育的，教育者需要在经验中不断学习，需要改造经验有利于教育。所以，具有丰富工作经验的班主任，一定要慎重对待自己的经验。教育是永无止境的，如果仅凭自己的经验做事，教育之路就会走进死胡同，职业倦怠就会来得越快。只有突破经验的束缚，不断更新教育理念，特别是一定要与时俱进，真正走进学生心里，这样的教育之路才会越走越宽。而作为"老"班主任的我们，虽然改变不了渐老的容颜，但是也会因为思想的活跃以及与学生的经常交流而保持一颗年轻的心。如此，对我们，对学生，善莫大焉！

　　【此文发表于《山东教育》（班主任）2021 年第 1 期】

"三新一旧"破解教师职业心理枯竭困局

美国心理学家贝弗利·波特说："典型的职业心理枯竭就是你有工作能力，但却丧失了工作动力。"波特认为，导致职业心理枯竭的原因可以归为两类：无助感和习惯化。

无助感的产生有以下几个原因：

工作氛围枯竭。相当多的教师在工作中缺少一个宽松自由的氛围：学校引以为豪的精细化管理模式，"五加二""白加黑"的加班模式，上级检查任务，被放大的教师责任……这些都让教师的教育工作受到限制，教师的创造力遭到压制，工作热情也逐渐消退。

个人价值枯竭。大多数教师的个人价值都体现在学校的教学成绩评比、评优树先和职称晋级上，而有人的地方就有江湖，背后的乱象使得教师的个人价值无法实现，从而使教师自我否定，进而怀疑自己的能力，导致自暴自弃。

身体健康枯竭。人近中年，精力和体力都大不如前，颈椎病、腰椎病、咽炎、视疲劳、静脉曲张……这些教师的职业病在人近中年时开始光顾，而学校高强度的工作模式却没有改变，更加剧了教师的痛苦。身体的疲惫和不适加深精神的疲惫，使得无助感更加明显。

那习惯化呢？心理学上有这样一个简单的定律：各种事情带来的刺激度，都是在初次刺激时兴奋度最高，之后随着刺激次数的增加，兴奋度逐渐下降。是日复一日、年复一年的重复工作，3 年或 6 年一个轮回的来回冲刺，似曾相识的问题学生，大同小异的教学问题，已经烂熟于胸的教材知识……这些都给教师带来了疲惫感。

职业心理枯竭危害极大，如果不能妥善解决，教师的专业成长之路将就此终结。那么该如何应对呢？

定个新目标。当把目光整天盯在晋职称、评优秀、当领导这些目标时，我们很容易迷失自己并收获挫败感。因为一个学校每年的职称晋级名额就那么几个，评优名额凤毛麟角，领导的数量更是屈指可数。我们无法改变环境，不如改变自己。为什么不能定一系列的小目标呢？我在职业心理枯竭到来后，给自己定了新的目标——每周写一篇教育随笔。当把心静下来，把自己的所感所想变成文字时，一种满满的成就感开始在心中激荡。当进一步尝试把这些文字投到教育期刊，看到自己的文字变成铅字，并且有很多读者与你分享读后感时，那种愉悦感就会延续下去。当我完成每周一篇的目标时，这种持续不断的成就感就会激励我去工作中发现新的写作素材。如此，工作不就充满了趣味吗？所以，尝试定个新目标吧，它会带给你无穷的乐趣，让你的工作不再乏味。

找个新思路。在不断的教学轮回中，经常遇到似曾相识的问题和学生，如果用老办法来处理，当然就容易厌倦。为什么不能用新的思路来解决旧问题呢？开班会课时，我尝试放弃原来的思路，改让学生组织，我退居幕后指导，结果效果很好；为了指导学生选课走班，我放弃沿用多年的课件，改请不同行业的学生家长现身说法，介绍所选专业和人生规划的关系，更能引起大家共鸣；同样一节课，我已经用一种教学模式上过多次，这一次尝试用新的模式，收到了很好的效果……当用新思路来解决旧问题的时候，充斥我们生活的就是接踵而至的新鲜感，心理枯竭就会与我们渐行渐远。

换个新活法。毋庸置疑，工作是人生的重要组成部分。但是，工作绝对不是人生的全部。如果我们的人生除了工作之外一无所有，这无疑是在慢性自杀。当工作一整天后，抽出一个小时去公园里走一走吧，听听鸟语，嗅嗅花香，压力不知不觉就会获得释放；抽出时间去跑步吧，不需要多少装备，不需要多少技术含量，也不需要多快的速度，只要咬牙坚持跑下来，随着大汗淋漓，多巴胺的分泌会带给我们愉悦感，工作中的垃圾情绪就会一扫而光；周末到了，忙里偷闲找点时间，陪孩子去大自然走一走，捕蝴蝶，捉鱼虾，大自然的神奇疗愈功能会让精神疲惫的我们满血复活；假期来了，放下手头的工作，叫上三五好友，组织一次家庭旅行，感受那些遥远的城市和陌生的人们，再回归工作时我们就会多一份充实，思路会更加开阔，处理事情也会更加得心应手。这样的生活模式下，工作不再是我们想要时刻逃避的洪水猛兽，而成为丰富多彩的生活的重要组成部分。

维护旧情怀。伟大的教育家都有一个共同的特征，那就是保持了一份对教育的赤子情怀。对教育事业和学生的热爱，是一名教师事业的起点，也是教育人生最基本的落脚点，所以我们需要用心维护它。我会保存好每届学生送给我的信件、贺卡、小礼物等，在工作疲惫的时候拿出来看一看，读一读，心中立即充满了力量。只要平时工作对学生用心了，多年后我们还会经常收到惊喜：一条围巾、一条短信、一句问候、一盒点心、一箱樱桃……这些都是对我工作的肯定。赢得学生的认可并影响他们的人生，给我带来的喜悦感和成就感是语言无法形容的，相信很多老师都有相同的感动瞬间。所以，在累了的时候想想这些，有助于维护我们对教育的赤子情怀。

教师的职业心理枯竭是教师事业发展中的常见现象，只要我们用"三新一旧"的办法去破解，很快就会迎来事业的第二个春天。

【此文发表于《新班主任》2018 年第 7 期】

美食·教育·人生

——从袁枚和他的《随园食单》说开去

"白日不到处,青春恰自来。苔花如米小,也学牡丹开。"两年前乡村教师梁俊在《经典咏流传》中的演唱让这首名为《苔》的小诗红遍大江南北,这首诗的作者袁枚也引起了国人的关注。不过,袁枚除了会写诗,还是一位著名的美食家。他所著的《随园食单》记录了各色美食的烹饪技法,被后人誉为"美食家必读之书"。翻阅此书,不经意间就被袁枚所提倡的美食密码所折服。掩卷沉思,突然发现我们这些教育的"司厨者"也可以把教育做成一道诱人的美食。这些密码是什么呢?

遵循本性。袁枚说:"物有本性,不可穿凿为之。"做美食,必须依照美食本身的特点,如果不管哪种食材,都按照个人的意愿肆意为之,那就违背了美食最基本的特点。教育亦如是。

我曾经有一个学生小康,他个性讨喜,人缘很好,但一上课就打瞌睡,成绩也是一塌糊涂。在一次深入交流后,小康哭着道出了实情。他从小学开始就一直认真学习,但就是脑瓜不开窍。到了高中后上课更是如听天书,曾经想努力但就是毫无起色。我询问他的爱好,他说喜欢烹饪,并当面向我介绍了几道菜的做法,听上去确实头头是道。在跟家长的多次沟通后,小康退学去学了厨师。几年后再相遇,他在当地的美食界已经算是小有名气了。小康的成功就在于找到了适合自己的发展道路,不轻易放弃努力,也不为难自己。让学生的本性得到最好的引领和成长,这正是蔡元培先生所说的教育——"教育是帮助被教育的人,给他能发展自己的能力"。

把握火候。袁枚认为:"熟物之法,最重火候。有须武火者,煎炒是也;火弱则物疲矣。有须文火者，煨煮是也；火猛则物枯矣。"对火候的准确把握是美食成功的关键因素，这一点同样适用于教育。

师生冲突事件屡屡见诸报端，教师在教育过程中对火候的拿捏不准是一个重要因素。教育需要耐心，更需要技巧。如何准确把握教育的火候呢？首先应建立起良好的师生关系，"亲其师，信其道"，在此前提下的教育就算火候稍微有点偏差，也能够被学生接受；其次，在和学生交流时察言观色，当发现教育方式无效或引起学生反感时马上调整策略，应尽量避免反复、简单的说教；最后，火候的把握也要因人而异，不同的学生因为个性差异对同样的说辞反应也不一样。教师做到这些，就能够达到"和"的境界，师生和谐，教育润物无声。正如《随园食单》中所描绘的美食："凡一物烹成，必需辅佐。要使清者配清，浓者配浓，柔者配柔，刚者配刚，方有和合之妙。""和合之妙"，这也正是教育者所应当追求的美妙境界。

练就绝技。"一招鲜，吃遍天"，拥有属于自己的招牌菜是厨师的立身之道。袁枚在《随园食单》中也渗透了这样的道理——做菜要做"拿手菜"，做事要有"看家本事"。袁枚本人就是上述理论的实践者。他早年为官，虽颇有政绩却仕途不顺。在33岁时，父亲去世，他辞去官职，来到南京潜心钻研文学与美食，并最终成就了自己成功的人生。袁枚的成功就在于他知道自己所擅长的是什么，并用自己的"看家本事"把自己的生活过得有滋有味。

教师在工作中也应该找到自己的"看家本事"，练就属于自己的绝技。有的老师擅长钻研课堂教学，有的老师长于班级管理，有的老师喜欢阅读写作，有的老师钟爱课题研究……如果我们在自己的那块小天地中多下点功夫，慢慢就会形成独具特色的教育教学模式。有了这样的模式，老师在引领学生成长的同时也促进了自己的成长，我们的教育之路就会越走越宽。

美食如此，教育如此，人生亦如此。当我们带着一颗虔诚的心赴人生的宴会时，反复琢磨，用心揣摩，不断尝试，最终会让自己的人生变得"色香味俱全"。

班会课

用"良知之学"开启学习密码

一、教育背景

高一学生经历着由初中到高中的学习方式转变，很多学生明显不适应。本节主题班会希望通过短剧表演、小组合作和案例分析等活动指导学生学会自主剖析问题，掌握学习方法，实现学习方式的转变。

二、教育目标

（1）通过短剧表演的方式让学生明确学习中遇到的问题，掌握思考问题、解决问题的办法。

（2）通过学生阅读经典以及挑选正能量词汇活动，使学生真正认识到"致良知"的内涵。

（3）通过小组合作和编制学习标语、制订学习规划书等活动，培养学生自主学习的能力。

三、活动准备

学生准备：短剧表演。

教师准备：课前调查统计学生在学习中遇到的普遍问题；上课用PPT（幻灯片）；指导学生分成若干小组。

四、实施过程

（一）短剧表演：《小明的困惑》

人物：小明、小明的良知、小明的私欲、灯神

第一幕　初遇灯神

小明登台。

小明：漫长的暑假终于结束了，我现在已经是一名高中生了。在假期里，我无数次憧憬高中的美好生活，但是现实却很残酷，我的学习成绩一直下滑，这到底是为什么呢？

第二幕　情景再现

场景一：

小明的良知：小明，你要好好学习，争取考上一所好大学。

小明的私欲：拉倒吧，小明，考大学还要3年以后呢，着什么急？还是偷个懒，先玩一会儿吧。

小明：是啊，考大学还早吧，再说，我对考大学也没有什么概念，大学有什么好的，还不如现在玩一会儿实在。

场景二：

小明的良知：小明，还有10多天就要月考了，紧张起来，不要整天无精打采了！

小明的私欲：十几天？时间这么短，怎么够用？

小明：是啊，时间太短，学习了也没用。算了吧。

场景三：

小明的良知：小明，你一定要相信自己。只有相信自己，你才可能成功。

小明的私欲：小明，不要听他忽悠你，你已经落下太多功课了，来不及了！

小明：唉，我没有希望了，还是得过且过吧。

场景四：

小明的良知：小明，你的意志力太薄弱了，还是找个努力上进的好朋友督促你一起进步吧！

小明的私欲：小明，别听他的，干什么都是徒劳的，放弃吧！

小明：唉！

场景五：

小明的良知：小明，你必须静下心来，前怕狼，后怕虎，脑子里不是想这个就是想那个，这样只会心情更加浮躁，什么事都干不成。

小明的私欲：小明，不管他。还是想点有趣的事吧，随心所欲，多好！

小明：对啊。

第三幕　何去何从

灯神：亲爱的主人，这就是你学习落后的原因所在。

小明：（苦恼）可是我该怎么办呢？

【设计意图】利用短剧的方式提出问题，调动了学生兴趣，用直观、形象的方式既揭示了高中生学习面临的普遍问题，又初步让学生了解了阳明心学中最基础的两个概念"良知"和"私欲"，为下一个环节的开展奠定基础。

（二）阅读经典：何为良知

师：小明很苦恼，需要我们的帮助。我们该如何帮助他呢？中国传统文化博大精深，蕴藏着很多人生智慧。不如让我们以阳明心学中的"致良知"为武器，破解小明学习中遇到的难题。

巧分类，明"良知"。

出示词汇表，让学生通过给词汇分类的方式找出"良知"和"私欲"。

爱国、旷课、敬业、迟到、诚信、友善、浪费、虚荣、乐观、自卑、无精打采、自私、健康、冲动、粗心、沮丧、自强、自立、失望、灰心、势利、勤奋、缺乏自制、好争吵、自信、诚信、奉献、放任、嫉妒、粗鲁、刻苦、自尊、快乐

【设计意图】通过分类识别法，使学生加深对良知的理解，为进一步运用到

实际生活中奠定基础。

（三）合作交流：锦囊妙计

师：通过学习，我们对良知加深了认识，接下来让我们回到"小明的困惑"，请大家打开锦囊，帮助小明的良知战胜私欲，从而提高学习效率。

PPT展示5个锦囊，学生分小组讨论，然后交流分享收获。

锦囊一：

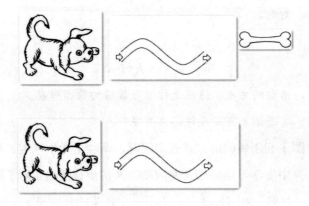

锦囊二：

材料一：桃树杏树梨树你不让我我不让你都开满了花赶趟儿红的像火粉的像霞白的像雪花里带着甜味儿闭了眼树上仿佛已经满是桃儿杏儿梨儿花下成千成百的蜜蜂嗡嗡地闹着大小的蝴蝶飞来飞去野花遍地是杂样儿有名字的没名字的散在草丛里像眼睛像星星还眨呀眨的

材料二：桃树、杏树、梨树，你不让我，我不让你，都开满了花赶趟儿。红的像火，粉的像霞，白的像雪。花里带着甜味儿；闭了眼，树上仿佛已经满是桃儿、杏儿、梨儿。花下成千成百的蜜蜂嗡嗡地闹着，大小的蝴蝶飞来飞去。野花遍地是：杂样儿，有名字的，没名字的，散在草丛里，像眼睛，像星星，还眨呀眨的。

锦囊三：

> 有一个人喜欢新鲜空气，特别是睡觉时喜欢开着窗子。一年冬天，他出差到外地，在一家高级旅馆住宿。那年冬天很冷，所以窗子都关得严严实实的，以防寒流袭击。尽管房间里很暖和，但一想到新鲜的空气一丝都透不进来时，他非常苦恼，辗转难眠。到了最后，他实在无法忍受，便捡起一只皮鞋朝一块玻璃砸去，听到了玻璃碎裂的声音后，他才安然进入梦乡。
>
> 第二天醒来，展现在他眼前的是完好如初的窗子和墙上破碎的镜框。

锦囊四：

> 曾经的学生翟慧在高中时英语成绩很差，高一从来没有突破20分。但无论她下多么大的决心改变自己，总是维持不了三天。高二的时候，为了防止自己再次退缩，翟慧约了班里最刻苦的同学，立下军令状，每天吃完晚饭后，奔赴操场，大喊英语。
>
> 无论什么天气，每天傍晚，两个身影在操场准时出现。一年的时间，他们背诵了从初中到高三所有的英语课本。在高二升高三的期末考中翟慧英语考了145分，一举夺得全县第一名！高考中翟慧考出了理想的成绩，在湖南师范大学攻读英语专业。

锦囊五：

> （弟子钱德洪）问："用兵有术否？"先生曰："用兵何术，但学问纯笃，养得此心不动，乃术尔。"——《传习录》

学生发言，教师总结。

小结：

锦囊一：有对成功热切的期望和明确的目标。制定一个适合自己的目标，并且时刻想象一下成功时的场景来激励自己完成目标。锦囊二：要以坚定的行动执行计划。为了完成这个目标，给自己制订一套具体的计划，把大目标细化为小目标，会大大提高学习的效率。锦囊三：给自己以积极的心理暗示，不受消极情绪的影响。努力的过程中一定要用平常心对待，排除一切干扰。锦囊四：和一位能够鼓励自己执行计划的人建立友好的联盟关系，在疲惫时，可以相互监督，相互打气。锦囊五：保持内心的宁静。保持一颗宁静的心会给我们带来源源不断的动力。

【设计意图】每组讨论一个锦囊，以同伴互助的形式相互影响并积极思考和探索，解决学习中存在的实际困惑，提升个人能力。

（四）巩固提高：编制标语

师：我们通过开启锦囊的方式给小明指出了前进的方向，取得了初步的成功。但是这些锦囊的提示语不好记，所以请同学们将这5个锦囊打造成迷你版的学习标语模式，这样可以更好地帮助小明记忆和运用。

同学们分组讨论，汇报成果。

小结：

锦囊一：想要学习好，目标先定好。目标需明确，常想利实现。锦囊二：目标如定好，计划马上搞。订了计划马上做，目标化小最有效。锦囊三：坚信自己能成功，鼓励自己很重要。锦囊四：如果自己意志薄，寻找监督是个宝。锦囊五：保持心静最重要，源头活水静处来。

师：同学们编制的学习标语简洁明快，朗朗上口，相信小明一定会牢记在心里，落实在行动上，逐渐地提高学习成绩的。

【设计意图】编制学习标语，实际上是一个将学习方法再学习的过程。通过这种方式，让学生研究、琢磨，进一步明确了学习方法，有利于学生学习能力的提高。

（五）课后活动：学习规划

师：我们成功地帮助了小明的良知战胜私欲，指出了学习努力的方向。想想我们自己，很多同学可能也存在着上述问题，困扰着我们的学习。课后请同学们制订"致良知"学习规划书，给自己的学习生活进行规划。

"致良知"学习规划书

项目	具体内容
我的明确目标	
我的详细计划	
鼓励自己的话	
我的"良知"监督员	
我的"静心"措施	

【设计意图】通过课后活动，进一步引导学生将学习规划落到实处。

【此文发表于《德育报》2019 年 11 月 30 日刊】

《班主任之友》"优秀作者"的成功秘诀

最近一段时间我外出学习频繁，班级事务投入的精力明显减少。多亏几个班委的能力较强，所以表面看起来还是风平浪静。但是在平静的外表下面，却是暗流涌动。有些同学自制能力差，当我在校的时候还没有什么大的问题。而我不在校时，这些同学的问题逐渐暴露，甚至发展到上课听音乐做作业、边看书边玩手机的地步。面对这样的状况，我知道必须整顿一下了。就在此时，《班主任之友》"优秀作者"的证书和贺卡飘然而至，给我带来了巨大的喜悦，也突然触发了我的灵感。经过和班长的一番谋划，一堂微班会课新鲜出炉。

主持人：同学们好，新的一年已经到来，又到年终大盘点的时候了。今天我们来"盘"谁呢？请看大屏幕。

（展示我获得的《班主任之友》"优秀作者"的证书、新年贺卡以及一年内发表的12篇文章。同学们啧啧称赞，爆发出热烈的掌声。）

主持人：过去的一年，我们敬爱的"老班"取得了如此多的成绩，令我们钦佩。《班主任之友》是国内非常知名的刊物，在教育界影响很大，能够被评为其"优秀作者"是莫大的荣耀。作为历史老师的"老班"，经常给我们讲"有几分材料说几分话"。同学们，接下来就让我们通过分析材料来探究一下"老班"成功的秘诀。

（出示照片：①课间我在读书、写文章；②我的电脑文件夹里每周1篇的教育随笔；③我的抽屉里藏着厚厚的一摞修改多次的草稿纸。）

主持人：同学们，你们发现了什么？

生1："老班"很努力，一直坚持读书写作。

生2："老班"非常懂得积累，大量的积累为文章的发表奠定了基础。

生3："老班"很有毅力，这么长时间坚持写作，不容易。

......

主持人：同学们总结了很多，努力、日积月累、毅力……为什么"老班"能做到这些呢？接下来，就请班主任给我们讲述一下他成功的秘诀。

（同学们热烈鼓掌。）

师：终于轮到我上场了，刚才我一直在那儿坐着，看到同学们给我拍的照片，听着同学们在讨论我的事，这种感觉很奇妙。闲话少说，书归正传。同学们说到了努力，说到了毅力，其实我认为自己能取得这些成就，秘诀只有一个——战胜诱惑。

首先，我的目标很清晰——每周完成1篇教育随笔，每月4篇，每年就有48篇。如果按照每篇2000字计算，一年就会有近10万字。即使剥离一些水平较低的文字，3年也能有20多万字，到时候我就可以把这些文字结集出版。每当想到这些，我就会浑身充满力量。而玩手机游戏、看电影、闲聊这些原本吸引我的事就会变成破坏我梦想的恶魔，令我厌恶。有的同学可能会说，你写文章总有累的时候吧？难道你就能抵挡得住诱惑吗？确实，这时候诱惑就会变得异常强大。每到这时，我就把手机关机锁到橱子里，耳朵里塞上耳塞隔离外部的世界。因为我知道战胜这些诱惑的最有效措施就是远离它们。有的同学可能觉得做到这一步很难，因为手机、MP3太诱人了，听着音乐写点东西多有乐趣，如果只是埋头写东西多枯燥啊。一开始我也这样想。但是，渐渐地，我发现这样效率很低。与其说是在听着音乐写东西，倒不如说是给自己想听音乐找一个看似高尚的借口。于是，我选择全神贯注地做一件事。告诉你们一个神奇的现象，当我完全沉浸到写作的世界中时，我感受到一种难以言说的快乐，这种快乐让我充实，带给我精神的愉悦。后来我知道，原来快乐分成两种，一种是享受型的快乐，比如说听音乐、看电影、购物；另一种是创造型的快乐，也就是专心致志做一件事的快乐。后者比前者更持久，更有满足感。不知道同学们有没有这种感觉？

生：老师说得对。原来我看小说特别上瘾，一开始想看完这章就结束，结果看完这一章就想下一章，以至于上课时都忍不住拿出来看。自从被老师发现之后，我努力克服，不再想小说的故事情节，全身心投入学习中，确实能够感受到老师说的这种快乐。

师：你很坦诚，说出了真心话，感谢你的分享。我说了这么多，同学们能不能总结一下我成功的秘诀是什么？

（集体讨论，代表发言。）

生：秘诀就是战胜诱惑。具体做法是制定一个清晰的目标，把大目标细分为具体的小目标，远离诱惑，学会享受专注带来的快乐。

师：同学们总结得很好。要成功就是要战胜诱惑，要战胜诱惑就需要有坚定的信念和清晰的目标，这就像灯塔，给你指出前进的方向。把大目标切分为具体可行的小目标，可以让你始终保持头脑清醒，让你记住你想要的是什么，并从一个个小目标的实现中体会到成功的快乐。在这个过程中切记尽量远离诱惑，不要过于相信自己的自控力，要想尽一切办法让自己远离它。当自己沉浸到为梦想而拼搏的过程中时，你不但会收获专注的快乐，而且终将收获梦想成真的喜悦。

主持人：感谢亲爱的"老班"向我们毫无保留地讲述了一个"优秀作者"的成功秘诀。见贤思齐，作为学生，我们是不是应该向"老班"看齐，在战胜诱惑方面拿出我们自己的行动呢？我写了一份题为"抵制诱惑，迈向成功"的倡议书，希望愿意付诸行动的同学在这上面郑重地签上自己的名字，然后写下自己抵制诱惑的计划，放到自己课桌上的醒目位置，以此提醒自己。

（同学们纷纷签名，写计划。）

接下来的几天里，我特地观察了一下同学们的"抵制诱惑计划书"，大多是要把电子产品交给老师或家长保管，只在周末休息时留出一个小时的放松时间。经了解，前段时间出现的电子产品泛滥的趋势也得到了有效的遏制，学风随之有了好的转变。

身教重于言教，这样的教育方式更容易被学生所接受。在此基础上，主持人的倡议和计划的推行也就顺理成章了。其实，只要我们善于思考，用一颗敏锐的心发现和捕捉这样的教育契机，教育工作自然会收到更好的效果。

【本文发表于《班主任之友》中学版 2020 年第 6 期】

以"史"为鉴，去伪存真

——例谈学生信息甄别能力的培养

高考成绩揭晓后，帮助学生参谋高考志愿的填报成了我暑假生活的重头戏。在和学生的交流中，我经常遇到这样的状况：有的学生在查阅大量网络信息后反而更加迷茫，也有的学生在查阅信息后选择的大学反而严重背离自己的实际情况。我意识到，在网络信息纷繁复杂的今天，对学生信息甄别能力的培养显得尤为迫切。基于此，我召集了一次师生座谈会。

经过简短的寒暄，我把话题引向了我所教授的历史学科。我问："大家是否还记得我在历史课上经常强调的一句话——分析历史问题时应该遵循什么样的思维方式？"学生脱口而出："当然记得，是理性思维。"

"没错。人们经常提到4个字'以史为鉴'，也就是历史可以给人们当今的生活提供借鉴。今天我要给这4个字注入新的含义，那就是用分析历史问题的思维方式和研究方法来解决现实问题。现在大家面临着高考志愿填报的问题，就可以求助理性思维。比如说，有的同学会在网上搜索这样的问题——某某大学好不好？这样的问法，肯定会有大量信息说好，也会有很多信息说不好。从理性思维出发，你会给这样提问题的同学提什么建议呢？"

经过一番讨论，小燕说："我觉得问某大学好不好这句话本身就有问题。从理性出发，凡事有一利必有一弊。一所大学不管多么优秀，或者多么糟糕，也都会有自己的优点和缺点。不应该问好不好，而应该问这所大学是否适合自己。"

"你说得很好，那么在网上搜索信息的时候，你能给同学们提什么建议呢？"我进一步启发。

"应该结合自己的分数、爱好等实际情况，来查找相关的信息。"小山说。

　　"这是一个很好的建议。这样的搜索，路径更清晰，指向性更明确。利用关键词、关键句来检索就是一个很好的办法。如某位同学想去上海的大学学习汉语言文学专业，毕业后想要当一名语文老师。那关键词就是'上海''汉语言文学'和'师范类'。首先根据自己的高考分数和位次，参考往年成绩，选定相关高校；然后筛选设置汉语言文学专业的高校；再到相关高校的官方网站查找有关汉语言文学专业的介绍，比如是否为重点学科、往届就业情况等。如没有符合自己意愿的信息则返回上一步调整自己搜索的关键词，如城市、专业等，直至找到自己中意的为止。"

　　我顿了顿，接着说："在我们根据自己的情况搜集了大学的信息后，里面仍然会有大量信息，如何在这些信息中再次筛选呢？我要再次提到那4个字——以'史'为鉴。我们在历史课上学习过鉴别史料真伪的方法，大家还记得吗？"

　　"官方史料优先，是否符合逻辑、是否符合当时文体、主观色彩是否浓厚，一手史料至上。"大家回答。

　　"上述方法能给我们甄别信息提供什么借鉴呢？"

　　学生们热烈讨论之后，给出了以下方案："官方史料优先的原则是尽量以该大学的官方网站公布的信息为准，可信度更高。""我们对网络上的各种言论要进行审慎地分析，看是否符合逻辑推理。比如某大学的前身是某矿业学院，那它的优势学科在很大概率上应该和采矿专业相关。""看一个文件的书写格式可以帮助我们分析信息是否出自官方或者权威机构。如果文件的格式比较随意，则需要审慎对待。""咨询相关校友比道听途说更可信，不过也要经过自己的理性分析，因为每个人看问题的角度不一样。这是从主观色彩和一手史料两大原则出发得出的结论。"

　　看着同学们纷纷点头，我决定再进一步。甄别高校相关信息、帮助学生选择高考志愿填报只是当前的一个具体任务，而学会甄别信息的思维和方法才是这次谈话的真正意义所在。于是，在我的继续启发之下，学生们写出了一首《西江月》来总结甄别信息的方法："信息复杂纷繁，让人真假难辨。甄别锦囊听我言，必然云开雾散。理性思维确立，便有金睛火眼。关键词句若出现，搜索之路平坦。首选权威渠道，再看逻辑推理。文件格式要得体，剥离主观外衣。纵然狂风暴雨，依然坚守自己。不做信息的奴隶，人生风光旖旎！"

　　读着学生写的词，我很欣慰。这次座谈会，我努力向学生传达了两个信息：一是学科知识的迁移，二是从理论到实践再到理论的研究方法。希望这两个信息可以帮助学生在以后的人生道路上多一份智慧和从容，少一些茫然和盲从。

　　　　　　　　　　　　【此文发表于《德育报》2020 年 6 月 29 日刊】

一次实验，初识创新

我曾有幸担任学校创新班的班主任，不过关于"什么是创新""如何创新"，学生一无所知。要培养学生的创新精神，不能只是告诉学生什么是创新，这样收效甚微，而应当通过一系列的活动让他们自己体会、总结，这样才能留下深刻的印象。

鉴于我们农村高中的学生大多比较乖，我决定首先培养他们敢于质疑的精神，能够通过科学的求证过程来推翻某些错误的却又貌似权威的观点，这是创新精神形成的第一步。于是我就精心筹备了一次活动，灵感来自一个著名实验：两株长势差不多的绿植，每天接受一样的水、空气和阳光，但是接受不一样的语言待遇——一株绿植每天接受消极语言的攻击，另一株绿植则每天接受积极语言的赞美。在实验进行30天后，被消极语言攻击的绿植枯萎死去，被积极语言赞美的绿植则长势良好。在查阅大量资料的前提下，我做好了预案，便开始了这次实验。

在观看这次实验的相关网络视频后，学生的热情空前高涨。这不难理解，对一个学习压倒一切的农村高中来说，开展一次这样有意思的活动确实令他们兴奋。学生挑选了两株长势良好的绿萝，分别在花盆里插上了"希望"和"绝望"两块牌子。根据自主报名的情况，学生分成两组，利用课间时间分别对两株绿萝施加积极语言的赞美和消极语言的攻击。随着实验有条不紊地进行，学生也在热切期盼着奇迹的出现。

然而7天过去了，两株绿萝毫无变化；14天过去了，仍然毫无变化；30天过去了，两株绿萝依然像以前一样郁郁葱葱，毫无差别。在此基础上，我召开了班会。下面是班会实录：

环节一

师：同学们，我们的实验时间已经结束，请实验组的组长报告实验结果。

生：实验进行了30天，两株绿萝和以前一样，没有什么变化。

师：为什么我们的实验和网络视频中的结果不一致？是不是哪个环节出了问题呢？请实验组的组长根据组员反馈的情况做一下介绍。

生：我们每个课间都会有组员对两盆绿植进行相同时长的语言交流，浇水时间、水量一致，接受阳光也是同时进行的。如果说有问题，可能由于中间放假，实验暂停了一天。也可能有的个别组员攻击的话语不够狠吧，杀伤力不够大。

师：这也有可能。那和视频中的实验相比，大家思考一下有没有别的可能？

生：视频中的实验是在国外进行的，时间是夏天，而我们的地点是中国，时间是冬天，会不会和这个相关呢？

师：那假如真是上述这些原因导致的，同学们从这次实验中得到了什么启发呢？

生：科学实验来不得半点马虎，应该综合考虑多种因素，反复进行多次实验。

师：说得好。大家从这次活动中总结出了关于实验的基本原则，那就是当自己有一个有关科学的理论假设时，可以通过反复的、尽量排除外界因素干扰的实验来论证这个假设是否正确。如果明确了这一点，你就收获了今天的第一个锦囊。

（学生鼓掌。）

环节二

师：我们再从另一个角度讲，那株"绝望绿萝"接受了30天几乎不间断的语言暴力攻击，即使被我们贴上了"绝望"的标签，这株绿萝依然在茁壮地成长，难道你没有什么想法吗?

生1:这株绿萝有着顽强的毅力和不屈不挠的精神。

生2:它有着强大的自信心,根本不在乎别人怎么评价它。

生3:成长要靠自己,不能抱怨环境的好坏。

师:大家说得真好。这株绿萝就像一位勇士,它的内心足够强大,信念足够坚定,不管别人对它的评价有多恶毒,无论外在的环境多恶劣,它依然气定神闲,大有"千磨万击还坚劲,任尔东西南北风"的坚韧和执着。如果提炼出这株绿萝的精神内核,那就是——"不忘初心、相信自己、以我为主、敢于胜利"。我为这株伟大的绿萝折服,也希望它的这种精神成为我们以后学习和成长的榜样,好吗?

生:好!

(学生热烈鼓掌。)

环节三

生:老师,我有个疑问,影响植物生长的因素应该是阳光、空气、水分和土壤,难道语言也会有如此重要的影响吗?我认为我们实验的过程没有问题,网络上流行的这个结论会不会是个伪命题呢?

师:太棒了,你用自己的所学知识和独立思考对实验提出了质疑,我要为你这种实事求是、大胆质疑的精神点一个大大的赞!敢于质疑正是很多伟大的科学家走向真理的第一步。如果哥白尼没有质疑,就不会有日心说;如果达尔文没有质疑,就不会有进化论;如果爱因斯坦没有质疑,就不会有相对论。但是,我要追问,我们如何证实自己的想法呢?请大家讨论一下。

生:应该用实验来证实,就像我们做的实验一样。为了有说服力,可以延长实验的时间,比如,从30天延长到60天。

师:我要再次为你们严谨的求实精神点赞。中央电视台探索频道曾经有一档节目做过这样一个实验:同一株植物被先后放置在7个温室中,每个温室的所有环境因素相同，唯一区别就是播放着不同风格的声音，有的是赞美的话语，有的是责备的声音；有的是优雅的古典音乐，有的是喧闹的重金属音乐；还有的没有任何声音。实验的结果是，在每个温室分别待够60天后，植物没有丝毫的区别，依然郁郁葱葱。

我们可以发现，中央电视台探索频道的这个实验就和你们的想法不谋而合。科学就是这样，正如胡适先生所说："大胆地假设，小心地求证。"我们可以大胆提出自己的想法，但是必须通过严谨的实验过程来证实。而这种大胆质疑的精神和严谨求证的过程，正是创新精神的重要步骤。有了这样的意识，我们就拥有了一把打开科学探索之门的钥匙。

环节四

师：我还有一个问题，那网上流传的那个视频又是怎么回事呢？视频的制作者有何意图呢？

生：应该是想告诉我们与人交流时要多用积极语言，少用消极语言。

师：没错。经过证实网上的视频，其实是一则公益广告，是一家名叫宜家的瑞典公司阿联酋分部与广告代理商合作，制作的营销宣传视频，目的是支持该公司的"拒绝欺凌"的活动。该视频是经过艺术加工的，并不是一次严谨的科学实验。

讲到这里，真相已经揭晓，回想刚过去的一个月，我隐约感觉到有些遗憾，这次耗时30天的活动是否荒废了大家宝贵的高中学习时光呢？如果有收获，那对创新班的我们有什么启迪呢？

生：我们觉得挺有收获的，因为我们从这次实验中领悟到了有关"创新"的初步知识——大胆质疑、小心求证、百折不挠、理性思考。就拿这次实验来说，我们通过严谨的实验发现了原有理论的错误，然后提出自己的主张，并用科学的实验证明自己主张是正确的，这就是大胆质疑和小心求证；在科学的道路上不可能是一帆风顺的，所以遇到挫折或者遭受冷嘲热讽时，要像那株绿萝一样相信自己，百折不挠；最后要经过理性思考，反思原有理论的背景和意图，也会让自己所提的理论更具说服力。

师：大家总结得很全面。创新的重要性不言而喻。我们作为创新班，更是责任重大。今天我们只是通过此次实验刚刚推开了创新之门，还只是初步的了解。让我们记住今天的收获，为接下来的创新之旅做好准备。希望我们在成长的道路上将创新的旗帜高高扬起！

班会结束了，但是后续的影响还在持续："大胆质疑、小心求证、百折不挠、理性思考"这16个字被学生选为第一学期的班训，以醒目的大字出现在教室里；任课老师反映，上课时学生的思维明显活跃了，有几个学生还在市创新大赛中拿到了不错的名次；那株"绝望绿萝"之前的"绝望"小牌子被换掉了，取而代之的是学生们给起的新名字——"萝坚强"，并成了我班的吉祥物。

要有勇气运用你自己的理性

——记一次微班会

下午的大课间，陆陆续续有10个同学来到办公室，跟我说想去学体育，要走体育特长生之路。我有些意外，便询问原因。原来，上体育课的时候，体育老师说山东体育高考的政策正在发生变化，体育专业成绩所占比例大幅提高，文化课所占比例下降。理论上讲，只要专业成绩足够好，文化课成绩达到300分左右就能考入本科院校。于是，一批学生心动了，一窝蜂都要去学体育。我有些哭笑不得，但看他们现在的热情，如果直接说不同意估计效果并不会好。接下来的两节课是体育生集训时间，不如先让他们去训练，我正好利用这段时间思考一下对策。他们走后，我查阅了相关的资料，准备召开一节微班会。

晚饭后，我来到了教室。

"同学们，今天的历史课，我们都学习了什么内容？"我是历史老师，班会导入从我的专业入手更轻车熟路。

同学们齐声说："理性之光！"

"对，用'理性'这个词来描述启蒙运动，说明了这场运动具有什么特点？"

"不唯书，不唯上，只唯真，只唯实。"

"没错，理性还可以从上述12个字缩减为8个字——"独立思考，实事求是"。当然，我不会占用晚饭后的这点时间复习历史课，而是想问一下大家，'理性'这个词对我们的人生有什么重要的启发意义呢？"

同学们陷入了思考。

我接着说："我们一生会遇到很多事，面临很多选择。以今天为例，下午有

10位同学找到我说要学体育，这就是你们人生的一次重要选择。面对选择，你认为应该如何拿主意呢？我现场采访一下几位想学体育的同学，你们做出这样选择的原因是什么？"

"因为高考时文化课分数线低。""因为是捷径。""因为体育老师说我的身体状况不错，能够过关。"……

"很好，很欣慰同学们能够畅所欲言。在面临选择时，有的同学是出于功利的目的，认为通过这个途径更容易考大学，有的则是听从了权威的建议，这都是做出选择的重要依据。但是，我要说的是，到底怎么做是你自己的事情，你应该独立思考，理性分析各种说法，再做出自己的决定。这个说法，你们认同吗？"

"认同！"

"那好，下面我们就以理性为武器进行分析。先来探讨体育高考是捷径一说。学习体育的优势在于有一个强壮的身体，磨炼自己的意志。但是，凡事有一利必有一弊。所谓捷径，只是从文化课的录取分数线上说，而在体育专业上则需要付出更大的艰辛。每天两个小时的体能训练，高考前几个月的魔鬼训练，都需要你去付出、去拼搏。而且，体育专业的就业面相对较窄，学习文化课的时间相对少，这对以后的持续学习和长远发展会产生不利影响。我想问，那些想走捷径的同学，你们是否做好了足够的思想准备？如果这些你都已经了解，而且做好了吃苦的准备，我支持你走上这条道路。因为你已经动用了理性的武器，进行了详细的分析、独立的思考，也想好了以后要走的路。最后，我特别声明，我绝对尊重体育生，我敬佩他们的意志，羡慕他们的强壮，喜欢他们的开朗，今天说这些，只是借这件事向大家传递人生的智慧，那就是——理性。"

我在黑板上写下了"独立思考，实事求是"8个大字。

"体育老师的建议只是一个重要的参考，我刚才这些话也只是参考，最终如何选择，还要靠你自己的理性。伟大的哲学家康德说：'要有勇气运用自己的理性。'我把这句话送给同学们，希望你们带着它在面对人生之路上纷繁复杂的选择时，能够做出最适合自己的决定，走好属于自己的成功之路。"

几天后，10名同学中有7人退出了体育训练，剩下3名同学在坚持自己的选择。我告诉他们："无论做何选择，只要是理性思考的结果，我都尊重你们的选择，并期盼你们能够一路走好。"另外，这次微班会后，我注意到不少同学的课桌上多了一个小卡片，上面写着这样一句话："要有勇气运用自己的理性。"

讲话稿

"吉祥三宝"迎高考

——艺考结束后的讲话

同学们，欢迎你们回家！

从去年的国庆节后离校，到今天重回到学校，已经过去了整整149天。在这5个月的时间里，你们经历的风风雨雨，我都看在眼中，记在心里。

有人说，艺考生多轻松，整天画画、跳舞、唱歌，300多分就能上大学了。我完全不赞同这种说法。因为我是你们的班主任，我目睹了一个个艺考生的艰辛：学习美术的同学，每天天不亮走进画室，为了更好地完成一幅画作，熬到后半夜已是常态；学习音乐的同学不仅要练视唱，还要掌握大量乐理知识；学习舞蹈的同学，每天练站姿、学舞蹈，腰酸腿疼已经成为家常便饭。好不容易盼来了艺考，你们又拿起行李，奔走于济南、青岛、淄博和潍坊的各个考点。在这个被网友戏称为"钻被窝都需要勇气"的寒冬，你们的艰辛和付出，"老班"全都知道。"老班"也知道，你们都是为了梦想在全力以赴的英雄，所以，我为你们骄傲！

今天，你们结束了艺考，重新坐回温暖的教室。这间教室，你们既熟悉又陌生。熟悉是因为5个月前你们就坐在这里安静地学习；陌生是因为你们已经离开这里5个月了，文化课的学习好像离开你们很久了。因此，"老班"要送你们三件宝物来备战高考，我称之为"吉祥三宝"。

第一件宝贝——信心之剑。

我相信，此时同学们的心情应该是既期待又忐忑的。期待的是，文化课的总复习马上要开始了；忐忑的是，"我"的时间还够吗？为了备战艺考，"我"都放下文化课这么长时间了，"我"还能学会吗？

心理学上有个现象叫作"淬火效应"。原意是指金属工件加热到一定温度后，浸入冷却剂中，经过冷却处理，工作的性能更好、更稳定。而你们的状况正好符合了这个现象。原来很多同学的文化课学习不理想，经过5个月时间的冷处理，现在重新学习，效果会更好。所以请相信自己。

当我们用信心之剑劈开迷雾投入到学习的战斗中时，我们注定是不可能一帆风顺的。我们很可能会在某个绞尽脑汁也无法破解的难题面前，某次费尽全力学习依然不尽如人意的周考之后，感到绝望和无助，甚至痛恨自己。

这时，请接受我的第二件宝贝——坚韧之锤。

动画片《变形金刚》中汽车人有件厉害的武器，叫作"天骄之锤"。这把大锤能够把任何金属锤炼成战无不胜的利器。我送你们的这把"坚韧之锤"，也有异曲同工之妙。我们需要用这把大锤，把自己锤炼成坚强的战士。学习就是把我们不会的知识变成我们会的知识的过程，这个过程不可能总是和风细雨。所以当我们遇到不会的问题时，一定要告诉自己这是正常的。学习的过程也是反复的，在不断地经历"山重水复"之后，才会到达"柳暗花明"的彼岸。所以这个过程不管多难，请你一定要坚持，用自己的坚韧去战胜懦弱、退缩和自卑。在通往高考的路上，请用"坚韧之锤"锻造自己，击碎挫折！

当你们携带这两件法宝，坚定前行到5月，你可能又要接受新的考验。艺考的成绩会陆续公布，当看到你的同学一个又一个拿到艺考的合格证后，你开始心慌意乱，提心吊胆。一个念头不断地浮现在你的脑海：我的艺考合格证怎么还不来啊？

这时，请接受我的第三件宝贝——宁静之盾。

每个学校艺考合格证发放的时间不一样，所以不要总是心神不宁地牵挂。你需要用这面盾牌，让自己的心远离纷纷扰扰，全力投入文化课的学习之中。因为，理性告诉我们在等待艺考合格证的日子里，不管我们的心情如何焦急，该来的终究会来，不该来的也绝不会来。因此，最明智和理性的选择就是安静学习，静待花开。用宁静之盾给自己营造一个安静的学习氛围，继续心无旁骛地努力学习。因为，越努力，越幸运。

同学们，今天距高考还剩98天。98天很短，如果总是彷徨、犹豫、畏缩不前，最终当我们踏上高考的战场时，才发现自己浪费了太多的时光；98天足够长，如果带着信心之剑、坚韧之锤、宁静之盾勇敢前行，我们终会发现写有我们名字的胜利旗帜就插在高考的战场上，迎着飒飒的夏风，猎猎飞扬！

同学们，加油！胜利一定属于我们！

【此文发表于《班主任之友》（中学版）2018年第4期】

包子铺老板的启迪

今天的微班会，我想给大家介绍一位成功人士。他不是政坛领袖，也不是商界精英，而是我们身边一位熟悉的陌生人。说"熟悉"，因为你们经常见面；说"陌生"，因为你们对他并不了解。请看大屏幕（出示学校旁包子铺老板的照片）。从大家的笑声中我知道你已经认出了他，没错，他就是包子铺的老板。首先我要特别声明，我并不是给他的店做广告，只是发现了他成功的秘诀，深有感触，拿来与大家共享。

也许有的同学纳闷：他算成功人士吗？他确实不如马化腾等人叱咤风云，但是从学校周围的快餐店竞争来看，其他店铺开业、倒闭如同走马灯般不知换了多少家，只有他这家店从小到大，屹立于不败之地，而且每天客流不断，这难道不算成功吗？

我见过你们中很多人去他的店里吃饭，为什么呢？有的同学说了，因为他的包子好吃。（众人笑）这当然是一个重要的理由，也接近了他成功的第一个秘诀——坚守良知。

做快餐这一行，对添加剂的规定是相当严格的。但有的不法商贩为了牟取暴利，会违法超标添加各种危害人体健康的添加剂。前几天倒闭的A快餐店就是例证。这家包子铺的老板说过这样一句话："只有我的孩子能吃我做的包子时，我才会卖给顾客。"这句话朴实无华，却令我震撼。我确实也看到他的两个孩子经常在店里吃。这就是一个普通生意人的良知。有了这样的底线，他就赢得了顾客的信任，生意自然就火爆了。

那还有什么成功的秘诀呢？这位同学说了，他长得憨厚，不像坏人。（众人大笑）没错，你已接近了他成功的第二个秘诀——"日行一善"。

他是一个典型的中国人，信奉积德行善，坚信好人必有好报。他店里挂着的那个醒目的牌匾——"日行一善"，诠释了他的信仰。有的同学可能也见到过这样一幅场景：当街头那个精神失常的老年人到店里乞讨时，他会把早已准备好的一袋包子递给他。当我看到那个老人在其他店里被大声呵斥赶出来，而在他的店里却可以享受这样的温暖，我的心头油然而生一股敬意。其实不仅仅是这件事，他的"日行一善"经常被我们忽略：有时是某次你忘带钱了，他憨厚地笑笑说"没关系，先吃饭，以后再说"；有时是看你喜欢吃某样小菜，给你多夹几筷子；有时是在门口准备的几把雨伞，顾客需要时可以免费使用；当你吃饭时，帮你把停放在骄阳下的自行车推到树荫里……这些真的是小事，却让顾客感觉不到他是老板，更像是一个多年的朋友。所以，我们乐意去他店里吃饭，这样他的生意自然就会好起来。

除此之外，还有什么秘诀呢？我觉得这一条最重要——"目标明确"。

一次晚自习前我去他店里吃饭，随口问了一句："你们这么晚了还不打烊？附近这几家好像只有你们一天三餐都营业。"他还是带着憨厚的笑："营业时间长一点多卖好多包子呢。"经过了解得知，他凌晨3点就开始到店里准备早餐，晚上9点多停止营业，一天的工作时间长达十几个小时，是什么力量让他如此勤奋地工作呢？他的回答很简单：要多挣钱，给孩子更多的保障，提供一个美好的未来；给他相濡以沫的妻子买点化妆品，过上好日子；给年迈的父母买份保险，攒点养老钱。我感慨万千，他有清晰的目标，并为他的目标而努力着。就凭这一点就令人钦佩。

我从他的身上又想到了同学们，我们的高中生活有没有明确的目标呢？很多同学说有，那么你是否为了这个目标在全力以赴呢？从你们的表情可以看出来，很多同学做得远远不够。当我们眼中的这个不起眼的小人物每天勤勤恳恳、脚踏实地、斗志满满地去实现他的目标时，难道我们不应该反思一下自己吗？我们还记得心中那所美丽的大学吗？我们在成长过程中会遇到种种诱惑，当你正在写作业时，有人喊你去操场踢球；晚上宿舍熄灯后，你的好朋友偷偷邀请你到外面的网吧通宵上网；早上闹钟响后，你很困不想起床……该怎么办？当别人一句无意的话或一个不经意的举动伤害到我们的自尊心，从而导致同学关系恶化时，我们是不是应该想一想这个小人物真诚的笑容，主动伸出友谊之手去驱散心头的阴霾？

有人说，高中生活苦不堪言，然而当我们有了明确的目标，在追逐目标的过程中坚守良知、用日行一善的心态去生活时，我们的心里一定充满了阳光，我们收获的一定是满满的幸福！让我们携起手来，共同奔向美好的明天！

【此文发表于《班主任之友》（中学版）2018 年第 11 期】

越努力，越幸运

——讲述"老班"自己的故事

看到洋溢着青春气息的你们，我想起了我的青春岁月。所以今天我想讲一下我考研的故事。（同学们惊喜，鼓掌）

2000年的夏天，我毕业于滨州师专英语系英语教育专业。我不甘心将一生束缚在某个乡镇的小学，于是怀揣着一颗不羁的心去省城济南闯荡。经过一番努力，最终在一所学校落脚，成了一名小学英语老师。这份工作并不轻松，但对于年轻的我来说算不了什么，因为展现在我眼前的是一个繁华的都市，这里有鳞次栉比的高楼大厦，有令人眼花缭乱的闪烁霓虹，有川流不息的车水马龙……这些前所未有的视觉冲击让从未离开滨州的我感到兴奋，感到陶醉。那时的我觉得生活如此美好，我想我应该会在这里把幸福生活进行到底吧。

然而这种美好的感觉在2004年的秋天被彻底粉碎。我工作所在的学校由于资金链断裂无法正常运转，要求每位员工拿出两万元入股，如果不交，将视为自动解除工作合同；然后是相恋一年的女友离我而去，因为在她眼中我没有上进心，她要去寻找一个稳定的未来；接着是和我感情至深的爷爷走到了生命的尽头，他去世前最放心不下的就是漂泊在外的我，希望我可以尽快找到一份稳定的工作。事业、爱情、亲情的多重打击在我的本命年接踵而至，几乎将我击垮。在我最迷茫的时候，我的好友洪禄给我指了一条出路，那就是通过考研改变命运。在他的帮助下，我在这一年的深秋报名考研，拿起书本，决定以一个专科生的身份跨专业考研。这时距离研究生考试还剩60天。

这60天，大家知道我是怎样度过的吗？我从那所学校辞职，回到老家，就在那间没有任何取暖设施的平房里，从每天的早上6点到晚上11点，穿着棉裤棉袄，揣着暖水袋，在寒冷中开始了我的学习生涯。面对那些陌生的单词、枯燥的政治术语和不知所云的专业名词，我不止一次想到了放弃，劝自己干脆明年再考吧，短短的两个月我怎么可能成功？但是想想我离开济南时的悲凉，女友离我而去时的决绝，爷爷去世时不舍的眼神，我又咬牙忍了下来。我一定要坚持，不管希望多么渺茫，不管道路多么曲折，只要有一线希望，我就要全力以赴！为了给自己的人生一个交代，给亲人一份安慰，给鄙视我的人一个有力的回击，我一定要战胜懦弱的自己，一定要证明自己，一定要创造属于自己的辉煌！（同学们热烈鼓掌）

说来也怪，当真正静下心来去干一件事的时候，头脑好像一下子清醒了，效率也提高了，原来那些晦涩难懂的知识也渐渐地明白了。我以一种近乎癫狂的状态学习着，连吃饭睡觉的时间都无限压缩，因为我知道我的基础差，除了努力、努力、再努力，我别无选择。破釜沉舟的我，也已经无路可退。

60天后，我走进了考场。考完之后，我没有什么特殊的感觉，只觉得自己已经尽力了，结果如何交给命运吧。3月初，成绩揭晓，好运降临了，我居然过分数线了！然而兴奋过后，紧接着就是打击。由于我所报考的院校过线人数较多，校方建议我调剂。于是，我到处联系其他高校，邮寄调剂申请信。可是一个月过去了，没有一所学校给我回复。我慌了，挨个打电话询问，听到的回复是："抱歉，我们不接受专科生。""对不起，我们不接受跨专业。""不好意思，我们专业不需要调剂。"……一个又一个的希望破灭，我陷入了绝望。我又一度想要放弃，可是想想自己曾经的努力，想想家人期盼的目光，我又鼓励自己，只要有一线希望，一定要坚持！就算失败，至少也要拼尽全力！我鼓起勇气继续拨打电话，直到湘潭大学同意给我机会到校复试。我又燃起了希望之火，坐上了南下的列车，兴冲冲地直奔湘潭。

到了湘潭大学之后，校方通知我为差额复试，而我的笔试成绩名次靠后，所以希望很渺茫。我的情绪再次跌落谷底。然而就在这时，幸运再次降临，我接到了湖南师范大学通知我去复试的电话。我发誓，这位打电话的女老师略带长沙口音的普通话是我今生听到的最悦耳、最动听、最甜美的声音。（同学们大笑）我

马上直奔长沙参加复试，最终被顺利录取。（同学们热烈鼓掌）

一直到录取通知书拿到手里，我都不敢相信这是真的。一个专科毕业生，已经荒废学业4年，只经过60天的努力，居然跨专业考到了一所"211大学"读研？我不是在做梦吧？我也太走运了吧！我身边所有的人都说我运气太好了。我的父母不停地问我这份通知书是不是假的，是不是为了安慰他们的。（同学们大笑）但是我想到了足球名宿桑特拉奇的一句话："只有努力的人才有好运。"对呀，这不就是你们常听到的那句话吗？（同学们齐声说："越努力，越幸运！"）对，越努力，越幸运！我的好运不可否认，但是想想我那60天的努力，想想调剂时我几乎联系了全国所有相关院校，如果没有这些，即使好运来了我又能怎样？

同学们，听完我的故事，我想你们一定对"越努力，越幸运"这句话有了更深刻的认识。我们班是普通班，这说明我们的中考成绩并不理想，我们必须认清这一事实。然而，有的同学认为重点班的同学只不过是中考时运气好罢了，一边这样安慰自己，一边又继续自暴自弃。殊不知，好运只会追随努力的人，如果你不通过努力证明自己，只怕到高考时，你又会以怨妇的心态去嫉妒别人的好运，然后又继续颓废地过完自己的一生吧？

同学们，只要努力，任何时候都不算晚，何况我们刚刚高一。请重新捡起自己丢掉的青春梦想，请勇敢地承担起属于自己的那份责任，请用拼搏来诠释青春的风采，请用努力来诠释青春的意义！努力、努力、再努力！我相信，终有一天你们也会带着胜利的微笑对所有人说："It was a miracle but I made it!"（我创造了属于自己的奇迹！）因为，越努力，越幸运！

拿出勇气，改变从现在开始

班里有些安于现状、不求上进的同学，平时不愿努力，在考试后面对糟糕的成绩又不思改变现状，找出种种理由为自己的懒惰开脱。这篇讲话稿专门献给这样的同学。

每次考试后同学们的成绩会有所变化，这是一个很正常的现象。不过，一些同学的想法却值得商榷。

有的同学说："我成绩差，是因为我初中学习时没有打好基础。"有的同学说："我成绩差，是因为我的爸爸妈妈一直不大关注我的学习。"还有的同学说："我成绩差，是因为我从小就没有养成上课认真听讲的好习惯。"……从这些话里你听出了什么深意？那就是我现在糟糕的状况，是过去的事情导致的。请允许我用心理学的知识来解读一下。著名的心理学家阿德勒提出这样一个观点：并不是过去决定现在，而是你试图从过去发生的事情中找到符合现在状况的原因。举个例子，你初中学习基础不好，就一定会导致今天成绩不好吗？从考试结果看，中考分数相近的同学在一个学年后的期末考试的成绩有了巨大差异。所以并不是基础差导致现在的成绩差，而是现在的成绩不理想，你为了安慰自己，找了这么一个理由而已。这样你就可以心安理得继续欺骗自己：并不是我不努力，而是我努力了也没用。因为我现在的问题都是过去导致的，而过去无法改变，所以我做什么都是没用的。

你现在应该知道了，这样的想法是自欺欺人的。那正确的做法是什么？阿德勒说过这样一句话：重要的不是命运给予了什么，而是要好好利用命运给予的东西。初中基础不好，这是命运给予你的东西，你就要好好利用。怎么利用？时光不能倒流，但是你们可以通过努力把时光弥补回来。英语没学好，就利用零碎时间把落下的功课补上；上课学习习惯差，就找个同学监督自己，每天写反思督促自己，提高效率；家庭氛围不够好，就平心静气和父母交流，或者找老师帮忙……当你们改变自己的想法，直面遇到的挫折时，就是好好利用了命运给予的东西，你们就一定可以找到自己人生的成功之门。

现在你知道原来的想法错了，也知道该怎么做了，但是你仍然无法改变自己。为什么？因为你缺乏一样东西——勇气。沉溺于现在自我欺骗的状态不去改变，确实有好处，你可以继续躲在自己的心理舒适区，事情虽然不会变好，但也不会更糟。这正是那些不敢改变、不愿改变，并找到无数个理由为自己不能改变进行辩解，从而一而再，再而三错过改变机遇的同学的真实想法。如果你拿不出勇气改变自己，那你就会这样虚度自己的高中生活、青春时光，乃至自己的一生。

我相信听到这里你已经有了很大的触动，但是可能也会有疑虑：我也想改掉自己的坏毛病，可总是三天打鱼，两天晒网，怎么办呢？我再友情赠送四字诀，定会助你摆脱"常立志"的尴尬局面，走上战胜自己的光辉大道。

第一，行。如果你意识到了要改变现状的迫切性，那就马上行动起来。从手头最简单的一件事做起：认真听完下一节课，仔细整理考试的错题，定好闹钟提前进教室……有了行动，你就迈出了改变自己的第一步。

第二，小。在迈出第一步后，你可能信心爆棚，也可能会因为有点困难又想重回原来的鸵鸟状态，不管哪种情况，请你拿出第二件武器——确立一个小小的目标。比如，明天我要按时起床，认真听一节语文课并完成当天的作业。当完成一个小目标后，再给自己定一个新的小目标，记住，目标一定要小，沿着这一个一个的小目标，我们就会一步步前进。

第三，固。在完成一个个小目标的过程中，你的惰性随时可能会跳出来提醒你睡懒觉的舒服、上课神游的快乐，还有旷课玩游戏的刺激。要战胜它，我们就需要用一种全新的、更高级的快乐来取代原来那种底层次的快乐。这种快乐哪里来？我们完成目标就会给我们带来快乐，要学会享受这种充实的感觉。另外，当完成一个目标后我们可以奖励一下自己，这也会制造快乐。你可以把你每天要完成的小目标告诉我，我会在你完成后给你一份小小的奖励。你也可以让你的好友激励你。通过这些方法，你们就会逐渐体会到改变带来的快乐，这就会让你们形成新的心理舒适区，从而取代原来那种颓废、懒惰的状态。

第四，笑。在改变自我的整个过程中，一定要保持乐观积极的心态。把自己成功改变后的那个美好场景变成一幅图画，让它在你的头脑中不断回放，这会给你持续不断的力量。另外，在自我改变的过程中，你们会遇到困难，可能来自他人，也可能来自自己。这时，请用积极的心态看待这些事。比如把老师的批评看成鞭策自己前进的动力，把考试暴露的错误当成自己新知识的增长点，把某些人的嘲笑作为自己奋发的力量……这些积极的情绪会激发自己的潜力，引领你抵达成功的彼岸。

当带着勇气和四字诀上路，你一定会由一潭死水走向热血沸腾，你将告别原先的浑浑噩噩，出现在面前的将是一个你从未见过的美丽新世界！

谈奋斗

老师：

　　您好！

　　有一个问题从初中开始就一直困扰着我，现在我都已经上高二了，这个问题仍然没有被解决。我也曾想和别人交流，但是又害怕别人不理解。这个问题就是：我们为什么要奋斗？

　　从上小学到高中，老师们都在强调奋斗，可是奋斗是为了谁？为了祖国吗？我觉得太遥远，而且现在的学习跟爱国也搭不上边。为了父母吗？我自幼家境殷实，父母生活很好，即使我不工作，他们的晚年也会衣食无忧。为了自己吗？可是我不知道自己以后要做什么。而且我觉得现在的生活就很好啊，这样平凡的生活不就是每个人的常态吗？为什么非要奋斗呢？

　　希望老师不要嘲笑我，这是我的真实想法，很希望得到老师的指导。谢谢！

学生：米芒

米芒：

　　你好！很高兴收到你的来信，也感谢你对我的信任。

　　读完来信，我先是惊讶，然后是欣慰。惊讶的是，你的问题很有深度，颇有哲学家的风范；欣慰的是，你能够独立思考问题，说明你正在走向成熟。接下来，我就来谈一下我关于奋斗的看法。

　　从生命演进的规律看，奋斗是所有生命的唯一选择。唯有奋斗，每个生命才能获取食物，逃避天敌追捕，以维系个体的生存；唯有奋斗，每个生命才可能有繁衍后代的机会，以维系种群的生存。无论是渺小的微生物，还是庞大的大象和鲸，莫不如此。如果不奋斗，生命的前途只有一个，那就是灭亡。

从国家发展的角度看，奋斗是每个爱国公民的必然选择。祖国是什么？祖国不仅是约960万平方千米的占地面积，更是生活在这片土地上面的每一个人民。只有我们每个人都爱自己的祖国，我们的国家才会强大。什么是爱国？爱国并不遥远，就在我们身边。老一辈革命家谢觉哉说："爱国的主要方法，就是爱自己所从事的事业。"每个人做好自己应当做的事，老师认真上课，工人认真做工，学生认真学习，这就是爱国。每个人都在自己的岗位上奋斗，我们的祖国才会变得更为富强。你，我，每一个普通的中国人，都是祖国这艘巨轮上的齿轮。只有我们每个人都去奋斗，这艘巨轮才会经受住惊涛骇浪的考验，破浪前行。所以，国家发展需要个人奋斗。

从家庭的角度看，奋斗是子女不可推卸的责任。现在你的父母正值壮年，但是当你慢慢长大，走向社会，他们也会渐渐老去。每个年龄段的关注点是不一样的，而老年人谈论最多的话题就是子女。如果那时的你还没有属于自己的一番事业，在家无所事事，你的父母会是怎样的心情？再者，世界总是变化的。哲学上有句话："世界上唯一不变的就是变化本身。"现在家境殷实并不等于永远这样，我们必须要通过奋斗为父母的晚年提供一个尽量牢固的城堡。

从个人发展的角度看，奋斗是你成长的必经之路。因为现在的你正青春，正处于奋斗的黄金年龄。青春由磨砺而出彩，人生因奋斗而升华。你说你还不知道以后要做什么，这很正常，青春正意味着未来有无限可能。作为一名热血青年，相信总会有些东西让你一想起来就心潮澎湃，这就蕴含了你人生的目标。也许现在它还很模糊，那就先上路，在前进中寻找方向，在跋涉中积攒能量，终有一天它会清晰起来。也许就在人生的某个十字路口，奋力前进的某个瞬间，你突然会有所感悟，苦苦追寻的目标渐渐变得清晰。所以，请先行动起来，这一点无比重要。

你在信中提到了"平凡"，我觉得你对平凡的概念似乎有些误解。我们大多数人都是平凡的，但是平凡并不等于平庸。而由平庸通往平凡的道路，唯有通过奋斗来实现。通过奋斗，我们才配拥有属于自己的平凡世界。这个世界虽然平凡，但是记录了我们精彩而绚烂的人生。时光流逝，我们终会走到生命的尽头。当我们回首往事时，会因自己平凡而精彩的人生而欣慰，而不会因庸碌而空虚的人生而悔恨。而这一切，唯有通过奋斗实现。

你看，大到人类的命运、国家的富强，小到家庭的责任、个人的幸福，这些都离不开我们的奋斗。正如伟大的思想家马克思所说："青春的光辉，理想的钥匙，生命的意义，乃至人类的生存、发展，全包含在这两个字之中：奋斗！"

你的老师和朋友：张艳飞

珍爱生命，向死而生

今天，我和大家谈论一个严肃的话题，关于死亡。

2018年4月，由于不堪忍受母亲的指责，一位少年在上海户浦大桥一跃而下，结束了自己年仅17岁的生命。17岁，正是花儿一般含苞待放的年龄，然而生命之花尚未怒放就瞬间凋零。

在他的生命消逝之前可能发生过很多事：和同学们之间的矛盾、母亲的批评、内心的委屈……可能他的情绪濒临崩溃，可能他希望通过自己的行动来证明什么，但是纵有千万条理由，都不值得他采用如此极端的方式，因为生命是无价的。

按说生命已经逝去，不应该再接受指责。但是我仍忍不住想对他说："孩子，你是多么的愚蠢，你如此草率而又不负责任地结束自己的生命，你对得起谁？"

从出生那一刻起，你的生命就不仅仅属于你自己。你是爸爸妈妈年轻时的快乐源泉，年老时的唯一依靠；你是朋友的快乐玩伴、人生知己；年幼的你是祖国的美丽花朵，长大后的你是祖国的建设栋梁。

当你想要结束自己的生命时，你有没有想过这一切都将戛然而止？爱国诗人屈原自沉汨罗江，是因为故国沦陷，他要以死殉国；抗战时，藤县保卫战中的几百名中国伤兵选择自杀，是因为要和冲到近前的日军同归于尽；董存瑞选择和敌人的碉堡同归于尽，是为了建立一个新中国。你的死，和他们比起来，会不会有些"轻于鸿毛"？

有的同学说，老师，我肯定不会自杀，肯定会珍爱生命的。前半句我相信你会做到，可对于后半句我却有话要说。到底怎么做才是珍爱生命？仅仅是活下去吗？大家有没有想过，有一天我们的生命会走到尽头，死亡终有一天会降临？

　　有的同学说，想那么多干什么，做好当下的事最重要。我万分赞同这个观点。但是我想继续追问，我们做好当下的事了吗？我们制订好了计划却没有按时完成，欺骗自己明天再完成也不晚；我们又一次上学迟到，安慰自己下次一定改正却依然如故；我们被糟糕的考试成绩刺痛，下定决心一雪前耻却再次"三分钟热度"……我们真的明白什么是珍爱生命吗？生命是由我们活着时的每分每秒组成的，生命就是时间，我们虚度光阴，不就是在挥霍自己的生命吗？

　　珍爱生命不是一句口号，它意味着珍惜时间，活出生命的意义，活出属于自己的精彩。

　　不管我们出身高贵还是卑微，年长还是年轻，死亡终有一天会降临。当死亡来临时，回顾一生，我们在自己喜欢的领域做出了一番成就，得到了人们的尊重，实现了人生的价值；为自己的梦想一直在努力着，不管成功还是失败，至少问心无愧；为国家、为民族、为社会、为民族复兴贡献了一点点力量。在历史的滚滚洪流中，我们的生命虽然短暂却厚重，把自己融入这个伟大的时代，这就是属于自己的精彩，活出生命的意义。

　　珍爱生命，向死而生。

暑假怎么过

随着炎炎夏日的到来，相信大家在紧张地准备期末考试的间隙，也一定有一丝小小的激动和兴奋，因为——暑假马上就要来了。

我也曾是学生，也像大家一样期盼暑假，不过今天当回首我度过的那些暑假，我还是感到有些汗颜，因为我浪费了不少的时光。从我的经历出发，请允许我大胆想象一下你们暑假的关键词：睡懒觉、玩手机和上辅导班。我相信这是不少同学的暑假生活，我也知道，你们在开学时往往是对这样的暑假颇有些悔恨的。既然如此，作为老师和朋友，我想提几点建议，希望能为你们马上开始的暑假生活提供一些借鉴。

第一，读有字之书。我这里提到的读书，并不是仅仅指大家在学校里读到的教材，而是指一切有营养的书籍。人和动物的重要区别之一在于，人需要精神生活。而读书是给我们提供丰富而精彩的精神生活的重要途径。开卷有益，翻开书页，你就走进了一个广阔的天地。你在和人类最伟大的一群人对话，努力理解他们的思想，认真学习他们的经验，竭力避免他们的错误，从而汲取前进的动力，让自己以后的生活过得更有意义。

第二，读无字之书。无字之书，指的是向他人学习，向社会学习，向实践学习。学生时代的毛泽东曾经以这样的方式和他的同学们度过了1917年的暑假：不带分文，先后游历了长沙、宁乡、安化、益阳、沅江的一些农村，通过给别人写对联、做诗文等方式解决食宿和路费，行程近500千米，历时1个多月。这个假期里，他们深入了解了中国的农村，接触了农村各阶层的群众，锻炼了自己的社会活动能力，为以后毛泽东思想的萌发提供了重要的来源。我们也要走向社会，走进生活，在力所能及的范围之内参加一些社会实践活动，这将大大有利于我们的成长。

　　第三，走红色之路。今年是中国共产党成立100周年，我们已经学习了不少关于革命的故事，但这些大多还停留在书面上。暑假期间我们可以去红色景区现场参观和体会，当我们身临其境，对党史的理解会更深入，对脚下这块土地的热爱也会更加真挚。

　　第四，担少年之责。少年智则国智，少年强则国强。我们爱自己的祖国，我们希望祖国什么样，我们就需要自己先做出相应的努力。所以，身体可以休息，但对梦想的追逐绝不能止步。这个假期里，为自己的梦想再增加些动力吧。可以和同伴策划一个课题，通过深入思考、持续钻研和坦诚交流，你会发现，梦想的羽翼进一步丰满；可以通过各种方式继续涵养自己的特长，与志同道合的朋友一起成长、切磋技艺，你也许会对自己的长处有了更深层次的理解；也可以在学习方面查缺补漏，弥补短板，为开学后的腾飞默默积蓄力量……这些都是为成为更好的你做出努力，而每一个更强大的你，必将汇聚成浩浩荡荡的力量。而这些力量，最终必将成就我们更强大的祖国。

　　努力吧，少年！相信在丹桂飘香的金秋九月，你会带着自信的微笑、迈着坚定的步伐重返校园，因为2021年的暑假，你没有荒废，而是收获了一个更好的自己！

【此文发表于《德育报》2021年7月刊】

案例评析

"热问题"不妨"冷处理"

——评《晚自习的一声惊响》

此文针对《班主任之友》中学版的一则教育案例，事情大概是班主任吴老师在上晚自习时听到了教室里传来的手机铃声，但是他暂时无法判断是谁带的手机。他先是要求学生主动交出手机，失败。然后便提出关掉教室的灯，让学生在黑暗中把手机交出来，以此证明自己不想追究，结果仍然无效。最后走了一着险棋，以辞去班主任职务来威胁，终于达到了效果。

吴老师处理这次事件的方法值得商榷。我也是寄宿制中学的班主任，也曾遇到类似的情况，所以很理解吴老师急于解决问题的心情。但是处理这样的"热问题"，还需静下心来，进行"冷处理"。

我们先顺着吴老师解决问题的思路来分析一下带手机同学的心理活动。这位同学要么是有特殊情况需要及时电话联系，要么是受不了诱惑才冒着受处罚的风险带手机入校。当手机铃声在课堂上响起时，这位同学一定是惊慌失措的。所以吴老师要求学生交出手机时，学生出于保护自己的本能一定拒绝交出。因为权衡利弊结果是很明显的：交出手机等于承认自己违反校规，必然受到惩罚（因为吴老师说不过分追究，并没有说不追究）；不交手机意味着最起码当时没有风险，事后老师也不一定能查出来。因此，吴老师的第一招失败的可能性极大。

再看吴老师的第二招。吴老师希望通过关灯让犯错同学主动把手机交出来。应该说这一招确实是个不错的主意，但是成功的希望也寄托在犯错同学的自我觉悟上。这位同学仍然没交手机，很可能是因为他仍然处在惊慌之中，这种情形符合心理学上的"福克兰定律"——当不知道怎么做决定的时候，最好的决定就是不采取任何行动。因此，吴老师的这一招又失败了。

　　吴老师面临挫败，情绪失控，于是采取了第三招——和学生说要辞去班主任的职务。这一招极其危险，如果学生仍不交出手机，那吴老师怎么收场呢？当然这一招也有可能会奏效，前提是班主任和学生建立起了深厚的感情，在班里有足够的威信，能唤起同学们的共鸣，并帮助老师共同解决问题，从而给犯错的同学压力迫使他交出手机。吴老师的第三招起作用了，但是这绝不是最佳选择。

　　愚以为根本在于吴老师处理问题的思路。吴老师认为"今天晚上必须查出手机"，这就等于把路给堵死了。为什么"今天晚上必须查出手机"呢？正因为给自己限定了时间，所以当种种招数均未达到效果的时候，吴老师才会情绪失控，自乱阵脚，最终才会想出辞职的下策。

　　心理学上有一种现象叫作"淬火效应"。原意是指金属工件加热到一定温度后，浸入冷却剂中，经过冷却处理，工作的性能更好、更稳定。在教育学上，也会有类似的现象，称为"冷处理"。没有解决问题的思路时，"热问题"不妨"冷处理"。这时候吴老师倒不如给这位同学一些考虑的时间，在课后通过调查和询问肯定会找到是谁带了手机。那时，再找到带手机的同学进行相关教育不是更好吗？班主任处理问题的出发点还是应该落在教育上，而不仅仅是没收手机。

尊重

——教育的重要前提

此文针对《班主任之友》中学版的一则教育案例：陈老师中途接手一个新班级后，想通过更改班名的方式来贯彻自己的教育理念。结果事与愿违，更改班名的做法遭到班级的集体抵制。陈老师通过和带头几个同学谈话的方式，安抚了学生的情绪，完成了接班后的平稳过渡。

案例中陈老师通过"摆平"几位带头人的方式，平息了"小插曲"，看似顺畅，也完成了中途接班的过渡，但整个过程似乎少了一样东西：尊重。

一、更改班名应尊重学生意见

中途接手一个新班，首要任务应是熟悉班级状况，尽快使学生接纳自己，在构建起和谐的师生关系后再逐步推行自己的教育理念。更改班名当然是推行自己教育理念的重要步骤，但是必须以尊重学生的意见为重要前提。我认为正确的顺序应当是在师生双方度过磨合期后，老师提出更改班名的想法，征求学生的意见，学生最终投票决定是否更改。陈老师在未和学生谋面的情况下就决定更改班名，似乎不妥。从案例中可以看出原班主任对学校工作调动不满，同学们对原班主任被取而代之也不满，这种情况下仓促更换班名更显得不合时宜。如果我是原班主任，我的感受就是"人走茶凉"；如果我是学生，我会觉得这个新班主任很不尊重我的感受。你不尊重我，我当然很生气。所以，我们要抗议！其实，"雨葵班"还是"向阳班"并没有那么重要，重要的是"雨葵班"是学生自己选择的，而"向阳班"是老师强加的，学生现在考虑的不是哪个班名更积极，而是哪个班名体现了尊重。因此，更改班名应尊重学生的意见。

二、尊重个体更应尊重全体

面对学生的抗议，陈老师的策略是摆平"带头人"后，其他人就偃旗息鼓了。陈老师和几个学生的谈话很成功，成功的秘诀就在于学生感受到了老师对自己的尊重。特别是当陈老师说"我要向你道歉，改班名和口号没有征求你的意见"时，学生"显得很尴尬，不知所措"。为什么？因为陈老师的这句话直接触及了学生内心最真实的想法，这就是——"我需要你的尊重"。所以接下来陈老师再解释事情的原委时，学生明显"听进去了"。当学生感受到老师的尊重，教育工作就会非常顺畅，所以当陈老师再谈自己的想法和规划时，就得到了学生的认可。这样的谈话方式切中要害，体现了陈老师丰富的经验。

不过，是不是可以更进一步——只有这5个学生感受到了尊重，那么其他大多数同学呢？这场危机真的就这样"烟消云散"了吗？有5个同学提出了抗议，没有提出抗议的其他同学就没有意见吗？他们沉默不等于没有自己的想法，他们当然也需要尊重。在做通了带头几个同学的工作后，陈老师何不趁热打铁，与全班同学来一场面对面的、以尊重为前提的恳谈会？老师可以真诚地向学生表示歉意，再跟学生解释清楚自己的想法，这样应该会得到大多数同学的谅解。只有这样使全体同学得到了应有的尊重，危机才真正"烟消云散"。

三、中途接班需尊重原班主任的工作

中途接班应该最大限度上实现平稳过渡——从原先的班级文化（新班主任认为不合适的）过渡到新的班级文化（新班主任力图打造的）。这个过程必然有破有立，我们的任务是努力做到平稳、圆润和顺畅。这就需要班主任首先处理好两方面的关系——与学生的关系和原班主任的关系。与学生的关系需要以尊重为前提，采用平等和诚恳的交流方式，与原班主任的关系更是如此。如果原班主任因为自己被换掉对学校不满，也极有可能会迁怒陈老师，在这样的前提下，自然抵触与陈老师的交流。陈老师这时不妨放低姿态，抱着请教的心态，请原班主任在工作上多帮忙，多交流班内学生的问题，用真诚尽可能地处理好和原班主任之间的微妙关系，在行动上体现出对原班主任的尊重，这样不仅有利于同事之间和谐关系的构建，更有利于班级建设方面的平稳过渡。